イエス ヤイドロン トス神の霊言

神々の考える現代的正義

大川隆法
RYUHO OKAWA

まえがき

全体的には、三つの霊言ともに、秘儀《ひぎ》に属する内容である。

本来は公開するべきではない、最高級霊界の舞台裏で、一般的には「神」と呼ばれる方々が漏《も》らされた言葉である。

別の説明をすると、イエスとヤイドロンの霊言は、私が二〇一九年十二月十七日に「さいたまスーパーアリーナ」から全国、全世界に衛星中継講演をするために、事前に伺った内容である。今年課題の多かったキリスト教をめぐってのイエスの本心と、宇宙の守護者ヤイドロンの宇宙からの信仰心が語られたのである。

また「トス神の霊言」は、シークレット・ドクトリンとでも言うべき、北米からヨーロッパに影響を与えているトスの本心が語られている。いったん内部出版したが、カナダ巡錫《じゅんしゃく》の副産物にしておいてはならないと考えて、公開することにした。内容的には聖書やコーランを超えている。

二〇一九年　十二月十九日

幸福《こうふく》の科学《かがく》グループ創始者兼総裁《そうししゃけんそうさい》　大川隆法《おおかわりゅうほう》

イエス　ヤイドロン　トス神の霊言　目次

第1章　イエスの霊言《れいげん》
――キリスト教の反省２０１９年――

二〇一九年十二月七日　収録
幸福の科学　特別説法堂《せっぽうどう》にて

第3章　トス神の霊言

――北米を統《す》べる神の本心――

二〇一九年十月五日〈日本時間十月六日〉　収録
カナダにて

5 イスラム教国の問題について 158

「霊言現象《れいげん》」とは、あの世の霊存在等の言葉を語り下ろす現象のことをいう。これは高度な悟《さと》りを開いた者に特有のものであり、「霊媒現象《れいばい》」（トランス状態になって意識を失い、霊が一方的にしゃべる現象）とは異なる。外国人霊や宇宙人等の霊言の場合には、霊言現象を行う者の言語中枢《ちゅうすう》から、必要な言葉を選び出し、日本語で語ることも可能である。

なお、「霊言」は、あくまでも霊人《れいじん》の意見であり、幸福の科学グループとしての見解と矛盾《むじゅん》する内容を含《ふく》む場合がある点、付記しておきたい。

第1章　イエスの霊言《れいげん》

――キリスト教の反省　2019年――

二〇一九年十二月七日　収録
幸福の科学　特別説法堂《せっぽうどう》にて

イエス・キリスト（紀元前四～紀元二九）

キリスト教の開祖。パレスチナのナザレの大工《だいく》ヨセフと妻マリアの子として生まれ、三十歳《さい》ごろにバプテスマのヨハネから洗礼《せんれい》を受ける。神の国の来臨《らいりん》を告げて、愛の思想を説き、数多くの奇跡《きせき》を起こしたが、ユダヤ教の旧勢力から迫《はく》害《がい》を受け、エルサレムで十字架《じゅうじか》に架けられ処刑《しょけい》された。死の三日後の復活を目《もく》撃《げき》した弟子《でし》たちは、イエスをメシアと確信して伝道を開始し、キリスト教が成立する。九次元大霊《たいれい》の一人。

質問者

酒井太守《さかいたいしゅ》（幸福の科学宗務《しゅうむ》本部担当理事長特別補佐《ほさ》）

武田亮《たけだりょう》（幸福の科学副理事長 兼《けん》 宗務本部長）

［質問順。役職は収録時点のもの］

1　二〇一九年を振《ふ》り返り、意見を聞いてみたい

司会　幸福の科学グループ創始者兼《けん》総裁、大川隆法先生より、本日は二本の御《ご》法話《ほうわ》を賜《たまわ》ります。まず初めに、「イエスの霊言《れいげん》・キリスト教の反省　2019年」を賜れればと思います。総裁先生、よろしくお願いいたします。

大川隆法　今年は、海外では、台湾《たいわん》とカナダが大きかったと思うのですけれども、両回とも、イエスとメタトロンのお二人が、ご支援《しえん》霊として、共同して協力してくれました。

というのも、地上での反対する力もかなり強いとのことで、宇宙的な源泉から

●台湾とカナダ……　2019年3月3日、台湾・台北《タイペイ》にて「愛は憎しみを超えて」と題し、講演と質疑応答を、10月6日には、カナダ・トロントにて"The Reason We Are Here"と題し、英語による講演と質疑応答を行った。『愛は憎しみを超えて』『いま求められる世界正義』（共に幸福の科学出版刊）参照。

力を入れなければいけないというようなことでした。

大きく見れば、「キリスト教と唯物論《ゆいぶつろん》・無神論の戦い」が激しい年だったのかなと思います。

台湾もそうですが、おそらく香港《ホンコン》に向けてだったと思うのです。香港の問題は一年中続きましたし、それから、カナダでも、やはり中国問題から、さらに、こちらでは、LGBTその他の問題もございました。

また、日本にも、新天皇の即位《そくい》と、あとは、ローマ法王が来日されたことなどもございましたので、キリスト教が世界に及《およ》ぼした影響《えいきょう》等について、振《ふ》り返って、意見を聞いてみたいと思っております。

これは一人目ですね。まず、こちらのほうから行《い》ってみたいと思います。

イエスの霊言形式でお願いしようと思いますが、説法《せっぽう》形式で言ってもらえるか、あるいは、短ければ、ご質問を受けるか、そういうことになるかと思いますけれ

●メタトロン　射手《いて》座・インクルード星の宇宙人。幸福の科学のUFOリーディングにより、イエス・キリストの宇宙の魂（アモール）の一部であり、6500年ほど前にメソポタミア地方に生まれたことが明かされた。『メタトロンの霊言』（幸福の科学出版刊）等参照。

ども、だいたい、ある程度の長さを目処《めど》にしてやってみたいと思います。

（合掌《がっしょう》して）では、最初に、イエス・キリストを降霊《こうれい》いたしまして、本年度、特にキリスト教を中心に、幾《いく》つかのテーマが出てきましたので、それについての総括《そうかつ》的なお考え、それから、今後の対応等を頂ければ幸いかと思います。

（約十秒間の沈黙《ちんもく》）

2 香港《ホンコン》問題を振《ふ》り返る

キリスト教のなかにある矛盾《むじゅん》の、世界的な対立が続いている

イエス・キリスト（大きく二回、深呼吸をする）イエスです。

今年は、たいへん、私にとっては、つらい年ではありました。キリスト教という存在が、地上に根を下ろし、広がり続けるのか、それとも、無神論・唯物論《ゆいぶつろん》勢力が巻き返して、二千年前の宗教を滅《ほろ》ぼしに入るのか。また、イスラム教との関係も、そうとう難しいものを抱《かか》えていました。

宗教は本来、人々の心を救い、魂《たましい》を救い、地上の混乱を収めなければならないものであるにもかかわらず、残念ながら、対立軸《じく》の一つとして、今年、キリス

ト教というのが存在したことについて、何とも言いかねる深い悲しみと……、また、それを解決する手段の、とても限られていることへの苦しみがありました。いちばん気にしていたことは、香港《ホンコン》でのデモを中心とする抗議《こうぎ》運動と、中国政府との関係でした。

これは、今年を終わるに当たっては、アメリカ合衆国のほうでは、すでに香港人権民主化法とか、ウイグル人権法等も立てられて、「宗教的な勢力が、人権を護《まも》るというほうを擁護《ようご》する」というかたちでは態度を明らかにしておりますけれども。

まあ、中国側から見れば内政干渉《かんしょう》でもあろうし、香港が香港である理由は、かつてキリスト教勢力の一部であった英国により占領《せんりょう》され、百五十年もの間、理不尽《りふじん》にも支配されていたことから、彼らは「解放しようとしている」という気持ちは、おそらくあっただろうと思うんですが。その長年の英国統治下の自由と民主主義、あるいは、議会制等を学んできた香港の人たちにとっては、北京《ペキン》政府の共産主義的な一枚岩、弾圧《だんあつ》を伴《ともな》う全体主義体制に対する激しいアレルギーがあって、ときには百万、二百万の人が道路に出て戦うような光景が、何カ月もの間、続いてまいりました。

キリスト教が新しい国に入るに当たっては、かくのごとき体制側の弾圧というのは、歴史的に、もう何度も何度も繰《く》り返されてきたことであるので、そうした歴史的な考え方から見れば、そう珍《めずら》しいことではないのだろうとは思いますけれども、今、その「キリスト教的考え方」と「民主主義的価値観」とが一体になって、欧米圏《おうべいけん》を覆《おお》っています。

この考え方と、実は、「共産主義の考え方」は、〝裏表《うらおもて》〟の考えになっておりまする。

イエスとして、当時のユダヤ教に対する抵抗《ていこう》運動や、あるいは、ローマの支配に対する抵抗運動をやっていた姿は、香港のデモとも重なるものはあったとは思うんですけれども、一方において、共産主義のほうの、もともとの考え自体は、「特権的な支配階級を退けて、その搾取《さくしゅ》階級から権力を奪《うば》って、労働者や貧しい人たちが権力を平等に持つ」という考えでもあったかなと思うので、このマルクスの考え方のなかにも、キリスト教のなかの「弱者こそ神に愛されている」という考えが、一部入っていることは事実で、ある意味では、「キリスト教の考えのなかにある矛盾《むじゅん》の、世界的な対立が続いている」ということでもあろうと思うんです。

そうした共産主義勢力から見たキリスト教勢力の問題点は、大航海時代において、スペインやポルトガル等を中心として、キリスト教の宣教師と、それから、軍隊とが一体になって、アジア、アメリカ、アフリカ、オーストラリア、いろんなところを占領して、植民地にしてきた歴史があって。これに対抗するものとしての、中国などの伝統的な文化、儒教《じゅきょう》や道教、その他の伝統的文化では、太刀打《たちう》ちできなかったということもあるし、私の教えとは必ずしも一致《いっち》しないで、キリスト教文化の伝播《でんぱ》が、同時に帝国《ていこく》主義的侵略《しんりゃく》とも一体になって、数百年続いたこともあろうかと思うんです。

その意味においては、キリスト教自体が侵略の道具として使われたところもあり、それに抵抗した人たちのほうに正義があって、私も応援《おうえん》したこともありますが、今度は、今また、こうした抵抗勢力のなかにも、人々を踏《ふ》み潰《つぶ》すような専制君主や、伝統的な圧政のタイプのものも出てきていて。

まあ、国や民族、あるいは、何を名乗るかによって、キリスト教であるかどうかが判定されるというよりは、やはり、人々をこの地上における戦いや苦しみから解放する意味で、「イエスはいつも、そちらの側に立っていた」と言うべきかなあというふうに思っています。

香港は今、「何が正しいか」を判定する世界の指標になっている

イエス・キリスト　そういう考えからいきますと、十四億人の人口を持っている中国が、わずか七百万ぐらいの人口しかない香港のデモによって抵抗されるということは、ナショナリズムから言えば、とても不本意なことであろうし、巨象《きょぞう》が蟻《あり》を踏み潰すのに、そんなに躊躇《ちゅうちょ》していいのかということも、おそらくはあったであリましょう。

かつての日本の島原《しまばら》の乱等、江戸《えど》時代に入ったときの、キリスト教と大名も含《ふく》めての九州の抵抗運動も、やはり、幕府によって弾圧はされましたので。それは儒教等を中心とする幕府体制でありましたから、構図的に見れば似たものはないわけではないと思います。

「体制を安定させたほうが善となるか」、あるいは、「信教の自由の下《もと》に、国の

なかに別の国ができるような体制が正しいのか」ということは、いつも歴史的に結論が出しにくいものではあったかなあというふうに思っております。

まあ、私としては、「愛」と、それから、「神の言葉を守る者たちの自由」を、いつも支えたいとは思ってはおるのですが、必ずしも、歴史的には、成功したものばかりとは申せなかったと思います。

香港問題は、次に台湾《たいわん》問題も含んでおり、さらには、アジアの近辺の国々への侵略や、あるいは、インド、ネパール、スリランカ、それから、中東、ヨーロッパへの中国の目論見《もくろみ》も絡《から》んでいるため、そんなに単純に考えることはできない問題はございますが、無神論の唯物主義ということであれば、キリスト教であれ、イスラム教であれ、踏み潰して、前進していくことは可能であろうとは思います。

この点において、やっぱり、香港は最初の、私にとっての橋頭堡《きょうとうほ》とも言うべきものではあったと思います。

この小さな街が、「何が正しいか」を判定する世界の指標に、今、なってはいるのではないかと思います。

「暴力 対 暴力」ということで見れば、「警察 対 石を投げたり火炎瓶《かえんびん》を投げたりするような市民、学生」という対決にも見えますから、治安ということだけ見れば、国のなかの法律制度で言えば、治安側のほうが正しいということになるわけですけれども。これが引っ繰り返るかどうかは、例えば、「明治維新《いしん》で、幕府の治安に対して、維新勢力が引っ繰り返すかどうか」ということとも同じで、「結果、どういうふうになるか、国民の幸福になるかどうか」ということだと思います。

「香港の自由の火」を護《まも》らなければ、大きな不幸が世界に広がる

イエス・キリスト　日本の国においては、中国との取引拡大、貿易の拡大、旅行

客の拡大等を考えているために、必ずしも、アメリカが動くようには日本は動かなかったと思うし、ある意味では、経済的には、アメリカにも中国にも、等距離《とうきょり》外交を取っているように見えなくはありません。

ただ、私の結論を申し上げますと、小さいけれども、やはり、「香港の自由の火」は護《まも》るべきだと思っています。これを護らなければ、いずれ大きな不幸が世界に広がると考えているからです。

習近平《しゅうきんぺい》たちの考え方は、もちろん、ナショナリズムとしては当然ありえることではあるけれども、中国的なよさも、もちろん、そのなかにはあることは認めますが、「中国的な価値観、判断、ものの考え方、国の見え方」を西洋諸国や日本に押《お》しつけるには、やはり、近代的でないところはあって、そうした近代的な自由と人権を手にしている人たちから見れば、時代の逆行現象に見えることは明らかであると思います。

その意味で、今しばらく混乱は続くかもしれませんが、私は、どちらかといえば、うーん……、まあ、秦《しん》の始皇帝《しこうてい》的統一が続くよりは、自由を求める勢力が中国の各地で広がっていって、彼ら自身の手で、もう一段、新しい政治体制をつくり上げていくことを好ましいと思っています。

この間《かん》、もちろん、経済的な問題で、中国発の不況《ふきょう》とか、いろいろ起きるかもしれませんけれども、それは、力を合わせて、やはり、乗り切っていくべきであると考えます。

中国が経済的に発展したことによって、中国人民が利益を得たこともありますが、同時に、その経済の相手方としての他国も大きくなった部分もあろうかとは思いますが、そうしたものは、一時的に広がったり縮んだりすることはあったとしても、基本的に、「経済を支えている個人個人が正しい価値観のままに生きていけることのほうが大事である」というふうに、私のほうは考えておりますので。

まあ、万一《まんいつ》、中国に対する逆風により、世界的な、経済的な問題が起きたとしても、たとえ、今年のエル・カンターレ祭における「繁栄《はんえい》の法」が説けなくても、やはり、結論としては、正しい方向を選ぶべきだと思うし、今、ここで食い止めなければ、習近平体制は、ナチズムに極《きわ》めて似たものになることは確実かと思っております。

ですから、来年は、やっぱり、「経済」よりも、「政治」の優先される年になるし、日本ではオリンピックとかもございますけれども、ちょうど第二次大戦が始まる前の、ナチスのオリンピックもございましたけれども、平和の祭典が平和の祭典では終わらない、次のステージに移っていく可能性はあるのではないかと考えています。

●今年のエル・カンターレ祭……　2019年12月17日、埼玉県・さいたまスーパーアリーナで開催されたエル・カンターレ祭大講演会において、「新しき繁栄の時代へ」と題して説法を行った。

3　ＬＧＢＴ問題等に対する意見

イエス・キリスト　また、ＬＧＢＴ問題等については、私は、どちらかといえば、やや中間的な意見を述べておりましたが、各指導霊《しどうれい》等が語っておりますように、まあ、「あの世の世界で、天国が形成されつつはない」と。どちらかといえば、「血の池地獄《じごく》と畜生道《ちくしょうどう》が合わさったような、新しい地獄が形成されつつあるようだ」との見解のほうが強くなってきておりますので、この点における自由性は、獣性《じゅうせい》を伴《ともな》う、獣的《けものてき》な自由も入っているものではないか、と。

そういう意味において、「男女の愛の問題」について、もう一段、結婚《けっこん》の意味や、結婚式における祝福の問題や、家族の問題とか、そうした子孫《しそん》の問題等を考え直してみるべきときではないかと思います。

この意味での革命運動まで推《お》し進めようという気持ちは、それほどないのですが、西洋諸国や日本にまで飛び火してきていて、このへんの、何でしょうか、「圧政に対する抵抗《ていこう》としてのリベラリズム」と、「体制を壊《こわ》す意味でのリベラリズム」との線引きが、とても難しい問題になっているのかと思っております。

日本は、西洋諸国に追随《ついずい》する必要は、この点ではないのであって、自分たちが正しいと思う考え方を貫《つらぬ》けばよいかというふうに思っております。

だいたい、「西洋化する」っていうことは、家庭のなかにおいては「家庭の不和」がやや増える傾向《けいこう》がありますので、教会に、そうした、必ずしも、夫婦《ふうふ》や家族の絆《きずな》を強くする力が現在なくなっているということについて、残念なところはあるというふうに考えております。

私のほうの総論としては、そういうところですが、もし、何か、今年および来年についてのキリスト教関連について、イエスその人に訊《き》きたいと思うことがあるなら、お聞きしたいと思います。

4　質疑応答①　中東問題の解決策について

酒井　本日は、まことにありがとうございます。

本年起きていた問題として、もう一つ、中東問題があると思います。

「イスラエルとアメリカ 対 イラン」という構図がありますが、この中東問題に対し、イエス様から、今後の解決策について、一言《ひとこと》頂ければ幸いでございます。

軍事力で決めることが「神の正義」とは思えない

イエス・キリスト　まあ、二千年近く引っ張っている問題であるので、そんなに簡単なことではないと思います。イスラム教とは、千四百年ぐらいですけれども、ユダヤ教となりますと、もう二千年の争いは続いています。

ただ、もちろん、「天上界《てんじょうかい》の神の教え」を正しく地上で受け止めかねた部分が、時代的な違《ちが》いとなって対立になっているんだとは思いますけれども、もし、イスラエルの時代、キリスト教の時代、イスラム教の時代、その時代に合わせて、神の教えも、多少違ってもいたり、あるいは、その土地の風習・制度が違うがために、宗教としても違ったものとして成長してきたという過程はあったことを受け入れますと、軍事力によって、どちらが正しいかを決めるのが、すなわち「神の正義」とは思えないものがあると思います。

できれば、そうした、神を信じる者同士が軍事力を持って戦い続けるのは、やめていただきたいという気持ちがあります。

これは、イスラエルに対しても、軍事力を強化することでイスラム勢力を追い払《はら》って、自分らの支配地域を広げようとするのは、やはり、戦後の流れから考えて、分《ぶん》を過ぎていると考えますが、同時に、イランを中心としたイスラム教側も、やっぱり、「イスラエル憎《にく》し」で、これを徹底《てってい》的に潰《つぶ》してしまい、アメリカの協力も引き込《こ》んで、あるいは、ヨーロッパの協力も引き込んで、イスラム教を植民地化していこうというふうな流れになるなら、これは第二次大戦以前の世界に、もう一回、戻《もど》っていくことにもなるので。

そうした軍事力の圧倒《あっとう》的な差が、結局、宗教の優劣《ゆうれつ》を決めたり、民族の優劣を決めたりするほうに使われるとしたら、少し悲しいものがあるなというふうに思っています。

まあ、同じことは、共産主義に対しても言えることではあるんですが、激しい世界大戦が起きて、どちらが正しいかを決めるようなものを、もう一度やってほしいとは、必ずしも思ってはいないので。

軍事的な意味での、そうしたバランスの問題、力関係は働くとは思いますが、基本的には、「信仰《しんこう》の自由」は、やはり、「信じる者たちが増えていくか増えていかないか」によるものだと思っています。

だから、時の政府としては、弾圧《だんあつ》したくなるのはいつものことではあるんですけれども、ここで苦しい思いがいつも出ることは出るんですけれども、うーん……。

まあ、極力、そうした国家の経済力や軍事力による戦いが宗教の優劣を決める、善悪を決めるというかたちにならないように、宗教者同士で、もうちょっと話し合いをして、平和的な解決を図《はか》ってもらいたいと思っています。

「キリスト教勢力　対　イスラム教勢力」も、その人数を競《きそ》い合っていて、イスラム教の世界的人口がキリスト教を超《こ》えるのではないかと言われているわけですけれども、そういうことでだけ争うのも、どうなのかなというふうには思っています。

また、一部、キリスト教勢力からも言われている、まあ、イスラム教圏《けん》が中世は進んではいたんですけれども、現代においては、やや風習等が、欧米《おうべい》圏から見れば後《おく》れているように見えるところもあるということは、確かにありうるとは思いますが、もうちょっと、国の圧力によって人々をコントロールするのではなくて、文化的交流によって、どちらが優《すぐ》れていると思うかということを、人々に選ばせるような努力はしてもよいのかなと思っています。

中東問題の解決のために日本ができること

イエス・キリスト　その意味で、日本が、一つのバランスを取る立場として、存在しうるのではないかと思います。

●イランの大統領も年内に来日するとのことですが、おそらく、日本にできることは、そう多くはないでしょう。

●イランの大統領も年内に……　2019年12月20日～21日、イランのロウハニ大統領が来日し、安倍首相と首脳会談を行った。

ローマ法王が来たり、アメリカ大統領が来たり、イランの大統領が来たり、日本もいろんなところに頼《たよ》られてはおりますが、現実的には解決能力がほとんどないので、まあ……、できることは、「友達に害を与《あた》えるのはやめてくれ」と言うこと以外に方法はないので。

アメリカがイランを理解するのは難しいかもしれませんが、日本がイランを理解する、イランとの交流をすることによって、友人であるアメリカに、イランの考え方を説明してやることはできると思うし、アメリカの考えをイランに分かるように伝えることはできると思うし。

シーア派とスンニ派が分かれて戦っていますが、私は言うべき立場にはないけれども、どちらかが正しく、どちらかが間違っているというものではないように思います。イスラム教のなかの宗派《しゅうは》の争いにしか見えないので。カトリックとプロテスタントのどっちをイエスが応援《おうえん》するかと言われても、まあ、両方とも、現在、見ている状況《じょうきょう》にはなってはおりますので、こちらも、イスラム教においても同じことは言えるのではないかと思います。

イランでも香港《ホンコン》問題でも、大規模な戦争を望んではいない

イエス・キリスト　私の言いたい要点は、やっぱり、「軍事力と経済力の強弱によってのみ、神の正義を判断したり、宗教の正義を判断したりするのはやめたほうがいい」ということと、それぞれの文明の長短はあるので、これは、文明の違いとしてだけ理解できるのか、あるいは、受け入れることができないほどまで隔《へだ》たっているのか。このへん、できれば、「お互《たが》いの長所・短所を見た上で、変えるべきところがあるなら、自分の国の内側から変えていくべきだ」と思います。

例えば、明治維新《いしん》によって、日本が日本のあり方を変えたのは、決して、軍事的圧力だけで変えたわけではなくて、諸外国を見てきた日本人たちが、「文明開

化として変えるべきだ」と思って変えてきたんであろうと思うから、鎖国《さこく》主義的なものを排《はい》して、感化されるものが、どちらからどちらに感化が及《およ》ぶかということを中心に考えるべきかなあと思います。

私は、イランでの大規模な戦争を望んでいませんし、香港《ホンコン》問題で、中国とアメリカが大規模な戦争になることも望んではいません。自主的に、自分たちが考え方を変えていく方向で、物事を解決していっていただきたいなあというふうに思っています。

まだ訊《き》きたいことがあれば、聞きます。

5　質疑応答②　ローマ教皇をどう見ているか

武田　本日はありがとうございます。先般《せんぱん》、カトリックのトップのローマ教皇が来日されました。これを、どのようにご覧になりましたでしょうか。

香港《ホンコン》や中国には行かず、訪台の要請《ようせい》もあったものの、台湾《たいわん》には行かないと断った上での来日だったとも聞いております。

日本では、被爆国《ひばくこく》日本に対して、「武器、原爆、原子力を持つな」というようなメッセージを発されたわけですが、ローマ教皇に対してご意見がございましたら、頂きたいと思います。よろしくお願いします。

「国対国の対立」には、もはや教皇の力も及《およ》ばない

イエス・キリスト　まあ、ローマ教皇も悩《なや》みのなかにあると言わざるをえないと思います。

世界の十億人に近いカトリック教徒たちにメッセージを送りたいんだろうとは思いますが、カトリック教徒も、やることは、ローマ教皇の言うことのだいたい反対のことをみんなやっておりますので、それに服従することはたぶんなく、せめて、その反対のことをする人たちに対する諫言《かんげん》、諫《いさ》めるということぐらいにしかなってはいないのではないかと思います。

現実の政治や経済は、ローマ教皇の、法王の支配や影響力《えいきょうりょく》の下《した》には、もうまったくありませんが、実際に宗教活動を続けようとすると、権力を持った政府とのぶつかり合いが出てくるため、とても難しいんだろうと思います。

それは、香港の行政長官もカトリック教徒だし、台湾の総統もそうであるということであれば、両者に意見が言えてもいいわけではあるけど、「国と国との対立に関しては、カトリック教徒同士も折り合わない」というようなところがあるかと思います。

だから、「政治の原理」と「宗教の原理」が、近代以降は分離《ぶんり》されて、両立、共存している状態があるために、エモーションとしては発信はできるが、現実の信徒はそれをきかないというのは現実であるし、ローマ教皇に、そうした世界の紛争《ふんそう》を解決できるだけの智慧《ちえ》が、現在あるかといえば、「ない」と。環境《かんきょう》問題しかり、そうした宗教対立しかり、国の対立、民族運動しかり、デモしかり、どれにも深くコミットすると、裏づける力がなければできないということになりますわね。

だから、ローマ教皇といえども、大きな言論人の一人でしかないというふうに言えると思います。

実際は、もう、力の範囲《はんい》を超《こ》えてしまっているということだと思いますし、経歴のなかで長く活動してきた人たちは、まあ、恵《めぐ》まれない人たちを助けたり、難民になった人たちを助けたり、教会にすがってくる人たちを助けたりすることでは機能は果たせたんですけれども、「国対国の対立」になっているようなところには、もはや、教皇の力も及《およ》ばないし、例えば、「アメリカ大統領の考え方とローマ教皇の考え方が違《ちが》う」というようなことに対して、これを力比べすることも、もはやできない状態ですね。

ローマ教皇としては、「私は世界に橋を架《か》ける役割だ」と言う。「トランプ大統領は壁《かべ》をつくろうとしている」と。まあ、これは抽象《ちゅうしょう》的な言葉ではあるが、「民族の壁をつくることはけしからん」ということが、ローマ教皇の考えではあります。

それは、国を超えてカトリックの信者は広がっているから、「国対国の対立」のように、要するに、教団分裂《ぶんれつ》というか、カトリック教徒の分裂につながることだから望ましくないという意見を述べている。トランプさんは、これに対して、別の趣旨《しゅし》を持って、アメリカの立て直しと世界戦略を考えておられるだろうから、これについて、必ずしも、教皇の側がトランプさんより優《すぐ》れているわけではないことも事実です。

まあ、意見としては述べますが、みんな、「内心の声としてそれを聞き取るか、あるいは、選挙で選んだ人の判断に国民として従うか」という、この問題ですね。だから、中国で起きている問題は、実はアメリカでも起きており、ヨーロッパでも起きており、台湾でも起きており、どこでも起きていることなんですね。

信者であっても、政治的意見まで一致《いっち》するとは限らない

イエス・キリスト　同じく信者であっても、政治的意見が、一致《いっち》は必ずしもしません。日本においても、たぶんそうでしょう。

幸福の科学の教えを信じる人たちはいても、政治的に幸福実現党を応援《おうえん》する人に、全部はならないっていうことはあると思います。他の政党を応援している人でも、幸福の科学の宗教的教えは理解して、信じている人はたくさんいるけれども、政党としての幸福実現党に国の運営を任せたいとは思っていない方も、数多くあると思います。

まあ、これについては、カント以降、現在では政治と宗教の二分化は進んでいるし、日本は日本神道《しんとう》の国だといっても、天皇は、やはり、君臨《くんりん》はしていても、現実の政治を統治することはできないようにはなっていますが、これはしかたが

ないことであろうと思います。現実に権力を持てば、第二次大戦と同じようなことが起きて。まあ、必ずしも、この世において最も優れた人が判断しているわけではないので、むしろ、宗教の場合は遊離《ゆうり》していることも多いので、難しいと思います。

幸福の科学においては、総裁が政治的な意見も言っておりますが、まあ、これも、なかなか隅々《すみずみ》までは届かないであろうとは思いますが、現時点では、ローマ法王が言っていることよりも、現実的な政治を理解した上での宗教的発言にはなっているのではないかとは思っています。広げるべく努力はすべきだと思います。しかし、すべてを従えることは、おそらくはできないだろうと思います。

だから、「世界の人々が幸福になりますように」と祈《いの》りながら、やるべき仕事をやり続ける以外、方法はないと思います。

この世には、宗教的な影響力《えいきょうりょく》に服さない領域が増えている

イエス・キリスト　ローマ法王の言葉や行動について、あなたがたから見て、疑問に思う点は数多くあるだろうと思います。しかし、それは、カトリックの信者であっても、そういうふうに思っている人たちはいっぱいいます。

この世は、どんどん、そうした宗教的な影響力《えいきょうりょく》に服さない部分が増えています。コンピュータがつくる世界が、その一つです。科学技術たちも、その一つです。また、経済学の発展も、その一つです。宗教の権力には服さない領域ですね。

それを今、多少なりとも意見が言えるとしたら、幸福の科学ぐらいしかないわけですけれども、まあ、それもオールマイティーには必ずしもならないと思います。まだ信じる人の数が少なすぎるので、オピニオンとしてのみ広がってはいますが、世界を変えるには、まだ、はるかに遠いところで、日本でも、まだ、必ず

しもメジャーな勢力にはなり切れてはいないと思います。

まあ、こういうものは難しいんですが、世界の主流が、「言論や思想の自由」に基《もと》づいて、そうした世論《せろん》で政治をしていこうという方向が出ていますので、一定の時間、そうしたいろんな人の意見を自由に戦わせて、正しい方向に導いていく必要があるのではないかなあと思っております。

それから、法王もそうですけれども、宗教においては、「内部における選挙」はあっても、「外部からの選挙」で選ばれるような指導者ではありませんので。その意味で、もし、政策が自分たちに有害であれば、そういう支配者を追放できる民主主義制度のほうが、現実的な処理能力には適している部分も、分野もあるかと思いますので、それを上手に使い分けていくことが大事かなあと思っています。

司会　それではお時間となりましたので、以上とさせていただきます。

イエス・キリスト　はい。

司会　ありがとうございました。

大川隆法　はい、イエス様、どうもありがとうございました（手を三回叩《たた》く）。

第2章　ヤイドロンの霊言《れいげん》

――主《しゅ》を護《まも》る者の心掛《こころが》け――

二〇一九年十二月七日　収録

幸福の科学　特別説法堂《せっぽうどう》にて

ヤイドロン

マゼラン銀河・エルダー星の宇宙人。地球霊界《れいかい》における高次元霊的な力を持っており、「正義の神」に相当する。現在、地上に大川隆法として下生《げしょう》している地球神エル・カンターレの外護《げご》的役割を担《にな》う。地球上で起こる文明の興亡や戦争、大災害等にもかかわっている。

質問者

磯野将之《いそのまさゆき》（幸福の科学理事 兼《けん》 宗務《しゅうむ》本部海外伝道推進室長 兼 第一秘書局担当局長）

神武桜子《じんむさくらこ》（幸福の科学常務理事 兼 宗務本部第一秘書局長）

大川紫央《おおかわしお》（幸福の科学総裁補佐《ほさ》）

［質問順。役職は収録時点のもの］

1　総裁周りを警護し続けているヤイドロン

司会　それでは、「ヤイドロンの霊言《れいげん》・主《しゅ》を護《まも》る者の心《こころ》掛《が》け」を賜《たまわ》ります。総裁先生、よろしくお願いいいたします。

大川隆法　昨日《さくじつ》の夜、寝《ね》る前に、イエスとヤイドロンさんの二人が来られまして、イエスのほうは、「キリスト教についての今年の総括《そうかつ》をしたい」というようなことも言っていました。

ヤイドロンさんのほうは、（総裁周りで）いろいろな攻撃《こうげき》がやや多かったこともあり、彼らも不本意かもしれないけれども、さまざまなものから護る仕事を、そうとう負担されていました。

宇宙のことを興味として知ることは、それほど反対はされないかもしれませんが、「現実の存在として、宗教にどうかかわってくるか」については、理解しかねている方、あるいは、そのまま応援《おうえん》しかねている方もいらっしゃるかと思います。

ただ、現実に、こうした力が総裁周りを警護している面もあり、彼らのほうからも、教団の宗教的なあり方について、やや手ぬるいというか、手薄《てうす》いところがあるのではないかというようなお考えをお持ちであろうかと思います。現実に、日本という国はまったく無防備な国であるので、海外での巡錫《じゅんしゃく》等については、宇宙からも守護されているような状態での活動をなしました。

ご意見を伺《うかが》って、時間があれば、少し質問等も受けてみたいと思っています。

それでは、ヤイドロンさんよ。昨日の夜、私たちに伝えたかったことがありましたら、お言葉にて賜りたいと思います。主を護る者の心掛けとして、どのようなことをお話しになりたかったのでありましょうか。

ヤイドロンさん、よろしくお願いします。

（約五秒間の沈黙《ちんもく》）

2　幸福の科学は、主《しゅ》を護《まも》る組織になっていない

悪に対して弱く、「聖なる怒《いか》り」が少なすぎる

ヤイドロン　（咳払《せきばら》い）うん……、ヤイドロンです。

私たち、地上に足場を持っていない者が、大川総裁に直接話しかけ、また、その周りに寄ってくる邪悪《じゃあく》なるものや妨《さまた》げをしようとしているものに対して、そういうものを撃退《げきたい》する役割を、一部、今年も担《にな》ってまいりましたが、宗教として、幸福の科学としても、まだまだ、ちょっと足りないものがあるのではないかと、強く感じる次第《しだい》であります。

私が、多少、他の国に行っていたり、他の宇宙の別なところに行っていたりし

て、出てこれないときも何度かあったんですけれども、そういうときにも、かなりがっかりされたりしたこともあったので。うーん、もう少し、地上の教団として、主《しゅ》を護《まも》る気持ちがないと、よろしくないのではないかと思います。

まあ、たいへん言いにくいんですけれども、善悪の悪に対して、とても弱いように感じてなりません。確かに、みなさん優《やさ》しく、愛の気持ちをお持ちですが、また、与《あた》える気持ちもお持ちですが、不当な目的や不正な目的で奪《うば》いにくる者、妨害《ぼうがい》しにくる者、邪魔立《じゃまだ》てする者等に対して、みなさまがたに「聖なる怒《いか》り」が少なすぎるし、「護ろうとする強い意志」があまり感じられないので、私たちまでが宇宙から来て、電撃一閃《でんげきいっせん》をかけている状態なので。

教団としては、私は、幸福の科学っていうのは、「総裁を護る組織」になっていないのではないかなあと思っています。どちらかといえば、信じたら、何て言うか、「養ってもらっているような感じ」になっているのではないか。そういう、ある意味で、言っていることとは裏腹の〝弱者連合〟になってる面もあるのではないか。

特に、弟子《でし》、幹部等の、そういう自己保身とか、セクショナリズムとか、損得感情とか、そういうものがとても強く、教えを押《お》し広げていこうとする力とか、反対の勢力や間違《まちが》った考えを持っている者を説得し、押し込《こ》んでいこうとするような力とかが、とても弱い感じで。それは、すべて主にお任せするような感じになって、やや〝おすがり型宗教〟になっているのではないかと思いますね。

まあ、この意味で、ちょっと残念な面があるのではないかなあと思います。

あるいは、みなさん、あまりにも自分たちがいい子になろうとしすぎているのではないかなあと思うことがあります。

ですから、台風が来て、「神々の意志がこういうふうに伝わった」というようなこともなされてはいるようだけれども。まあ、本来、そういうものもあってもいいのかもしれないが、地上の教団として言うべきことを言って、推《お》し進めることを推し進めて、やらねばならんところがあるけれども、いかんせん、どの分野においても、数において限りがあって、「同じような人たちが熱心には動くが、それ以外の人は無関心である」というふうなところが、多いのではないかなあと思います。

だから、まあ、これは……、残念だけれども、やや……、まあ、「連邦《れんぽう》制の組織」で、運営も会社的な運営が多くて、必ずしも護り切れているとは言えないと思いますねえ。だから、私らから見れば、「この先どうするんだろう」という気持ちは、強く持っています。

「主を護る者の心掛《こころが》け」っていうのが、ほとんど説けていない、説かれていない。

弟子たちは、「自分たちが立てた容易に達成できる目標」を年内にいつも満たすことで、会社的な満足を得ているような感じに見えて、だんだんに、その勢力を拡張する力が弱ってきているので、何とか教団を養うことでいっぱいいっぱいになっていて、小さなまとまりで終わろうとしかかっているのではないかと思います。

アニメ映画「太陽の法」で描《えが》かれたことが現実に起きている

ヤイドロン　いずれにしても、将来的に、国際部門や政治部門、教育部門等がですね、護られる部門になってしまって、教団の力をそうとう吸い込んでいくのは確実かなあというふうに思っています。宗教として今の十倍以上の力を持たないと、それらの部門、政治・国際・教育等の部門も、衰退《すいたい》していくもんだろうと、私は思っています。

また、映像部門等で、映画、その他テレビ等、少し進出しようとはしているけれども、これも既存《きそん》の勢力のほうが圧倒《あっとう》的に巨大《きょだい》であって、そのなかに新規に参入しようとしているレベルで、圧倒的に弱者だと思います。その意味で、そうした弱者部門を、すべて主の力でやろうとしているような感じはあって。もうちょっと教団のなかから勇者が出てこなければ、これは駄目《だめ》なのではないかなあと思っています。

私ども、宇宙からの警備の任に就《つ》いている者も、これは任意的に協力はしていますが、何らの強制力のある契約《けいやく》とかでやってるわけでもないので。こういう言い方は不謹慎《ふきんしん》かもしれませんが、われらは、都合《つごう》が悪ければ宇宙の彼方《かなた》に飛び去って、もうコンタクトしなくなればそれで終わりですので、かかわらなくなることはできますが、地上にいるあなたがたは、そういうわけには、たぶんいかないはずなんですね。

ですから、あなたがたがおつくりになったアニメ映画の「太陽の法」で言えば、

●アニメ映画の「太陽の法」　「太陽の法」(製作総指揮・原作 大川隆法、2000年公開)

「地上の菩薩《ぼさつ》たちが伝道するのか、それとも宇宙にいる私たちがこの法を弘《ひろ》めるのか」というようなことが現実に起きているわけで。その映画をつくった十八年後に、今、現実に起きている状態ですね。

私たちの力をもってやりたいと言うなら、私たちも、もっといろんなものを現象化して、地球人を驚《おどろ》かすようなことは可能ではありますけれども、それは、幸福の科学が言っているような「教えを広げること」とイコールになるかどうかは分かりません。

だから、「宇宙からの侵略《しんりゃく》」みたいなかたちになって、私たちに抵抗《ていこう》するかたちで地球が一つになるみたいな役割を果たすだけの、そうした悪役になってもらいたいと言うなら、できないことはありませんけれども、不本意ではあります。

それは、「宇宙史」「宇宙の歴史」自体を、地球の人たちが知らないから。なぜ、私たちが、今存在しているのか、スペース・ピープルが存在しているのかを知らないから。私たちが何に関係があって、今、来てるのかを、おそらく知らないと思うし、今の教えの広がりのレベルでは、おそらくは、それを深く説くことも難しかろうと思います。

地上の人たちは、目に見えるもの、手で触《さわ》れるもの以外は、もう信じない世界に入っていますから。地上の霊界《れいかい》さえ信じられない人たちが、「宇宙の生命体がこんなことを言っている、考えている」というようなことを理解しようはずもありませんので、私たちの仕事にも限界はあると思います。

今、そうした邪悪なるものを追い払うところ一点で仕事をさせていただいてはおりますけれども、これについての、多少の改革はなされたほうがいいのではないかと思っています。

質問等ありましたら、お聞きします。

3　質疑応答①　主《しゅ》を護《まも》るための信仰者《しんこうしゃ》としての心構えとは

磯野　本日はまことにありがとうございます。

また、今年も、一日一日、主《しゅ》をお護《まも》りくださいまして、本当にありがとうございます。そして、海外巡錫《じゅんしゃく》の折々には、霊的《れいてき》にも警護を続けてくださいまして、心より感謝申し上げます。本当にありがとうございます。

先ほど、さまざまにご指導を賜《たまわ》りましたけれども、改めまして、邪悪《じゃあく》なるものから主をお護りしていくために、地上にいる私たち信仰者《しんこうしゃ》、修行者《しゅぎょうしゃ》が、どのような心構え、また、どのような宗教修行を重ねていけばよいかについてお教えいただきたく存じます。よろしくお願いいたします。

教団が極《きわ》めて能天気で、無防備な状況《じょうきょう》にある

ヤイドロン　まあ、強大な軍事力を持った国家をも、思想の次元では批判をしているわけですし、現実的なデモ等が行われているところも支援《しえん》したりしているわけですから、いつ、相手方が敵と認識して、何かを仕掛《しか》けてこないとも限らない状況《じょうきょう》であると思います。それに対して、まったく考えていない状況なのではないかなあというふうに思いますので。

私たちは、日本の警察権を超《こ》えて、まったく警察の手の届かないところから、そうした悪《あ》しき勢力が忍《しの》び寄ってきたときに、天上界《てんじょうかい》から電撃一閃《でんげきいっせん》で、本当に彼らに対しての懲罰《ちょうばつ》を加えて、それでよいものなのか。あるいは、霊的に、邪悪なる波動《はどう》とか、押《お》しとどめようとする波動もずいぶん出てきておりますけれども、これに対しても、ある種の電気的ショックのようなもので退けたりはしておりま

すけれども、教団のなかで、そういう意識が極《きわ》めて希薄《きはく》であるのも感じています。だから、自分たちの身内、あるいは、その近くにある者からの批判、攻撃《こうげき》に対しても極めて弱いと同時に、本当に戦っている外敵に対しても、極めて能天気、無防備な状況にはあるなと考えていますので。

だから、「教え」として戦えるのは、今、もう限界が来ているような気がしますねえ。もう一段、もう一段の強さがないと、護り切れない感じですかね。

まあ、先ほど聞いておりましても、ローマ法王であっても、北京《ペキン》に行くことも、香港《ホンコン》に行くことも、台湾《たいわん》に行くこともできないのは、この世上の権力の問題も、おそらくあるでしょう。香港に行って、無事にそれはミサができるわけでも、たぶんないし、北京に行って、無事にそれができるわけでもなく、台湾に行って、戦争に巻き込《こ》まれるわけにもいかずというようなこともあって。

バチカン市国《しこく》も小さいですからねえ。国とはいっても、勢力としては、幸福の科学の職員数と変わらないぐらいの、バチカン市国・国民数はそんなもんでありますので、やれることには限りがあって、宗教的な尊崇《そんすう》の念だけで現実的な行動をやっているということですわね。

まあ、それでもまだ、かたちある世界のカトリック教徒たちが、それぞれの国で護っている面も、まだあることはあるので。一般《いっぱん》的なところで、危険地帯に自分から望んで赴《おもむ》くのじゃなければ、多少は護れないことはないですけれども、幸福の科学の場合は、これからいよいよ危険ゾーンに入っていくのかなあというふうに思います。

宗教的存在が一段上にあることを、もっと浸透《しんとう》させる力が要《い》る

ヤイドロン　だから、どうかねえ。うーん……。もう、これから先は、総裁自《みずか》らの言葉で調整していく以外に、もう方法がないんじゃないでしょうか。

十日後ぐらいには、さいたまスーパーアリーナでの講演もあるんでしょうけれども、本当はもう、言いたいことが言えなくなってきているんではないかと思います。言えば、あちこちで軋轢《あつれき》が起きる、違《ちが》った考えがある者とのぶつかりが起きる、教団の内部に属する信者であっても対立が起きるような時代に、もう入りつつあるような気がします。

だから、もう一段、何と言うかねえ、先ほどから言っている、民主主義的な自由に基《もと》づく言論や表現、選挙等は、一つの技術として、今、使われているものではあろうと思いますが、「もう一段、その上に、宗教的存在というのがなければいけない」ということを浸透《しんとう》させられていませんわね。

特に日本なんかは、新聞や雑誌やテレビ等においても、宗教的存在のほうは、その外側にある扱《あつか》いになっておりますわね。だから、「悪いこと以外で報道されることはほとんどない」ということになっていると思います。この風潮を破れる

●さいたまスーパーアリーナでの講演　本書p.30参照。

かどうかは……。やっぱり、「幸福の科学に集《つど》ってる人たちも、だんだん外側が増えてくるにつれて信仰心が薄《うす》れていっている」ということですね。これは、もっともっと浸透させる力がないと厳しいですねえ。

中国と喧嘩《けんか》しているところはほかにも多くありますから、全部が来るとは思いませんけれども、向こうのほうが、例えばですよ、「重要な、国家反逆・転覆《てんぷく》を考えている人物」として、十四億人および海外の中国人にですねえ、「幸福の科学の総裁は危険人物であるので、世界各地で見張れ」というような指示を出した場合、それは、海外での活動も制約されるし、国内でも制約されることになるわね。

それに打ち勝つだけの力が教団にあるかどうかといえば、おそらく難しい。イランの問題にしたって、「アメリカ軍の攻撃を止めるだけの力があるか。イスラエルに対して、それだけのことを言えるだけのものがあるか」といえば、どれも言えないものばっかりになってますわね。

勇気ある指導者が各部門で出てこなければ駄目《だめ》

ヤイドロン　この十年の努力、広げる努力はしましたが、知名度としては上がったかもしれないけれども、現実の戦力としてはごく微々《びび》たるもので、もう一段、率先垂範《そっせんすいはん》だけでない、勇気ある指導者が、いろんな部門で出てこなければ駄目《だめ》なんではないでしょうかねえ。

だから、「頭一つ潰《つぶ》せば終わり」と思う考え方で、ずーっと、この三十年間、いつも狙《ねら》われているように思うので、現実に総裁の力が大きいことは事実ではあるけれども、それでも、弟子《でし》のほうはぶら下がっているように、私には見えなくはないですね。

執行部《しっこうぶ》なるものも、「宗務《しゅうむ》本部のなかで、邪悪なるものが来て、こういうことを言って帰った」っていうのを、霊言《れいげん》とかをみんなで聴《き》いて、それで終わりにしてる程度の存在でしょ？　だから、ほとんど、何を執行してるのか分からない状態かと思います。

内部的に、もう一段、強くならないと駄目だと思うし、やっぱり、外敵に対しても考える部署を、もうちょっと持たないといけないんではないでしょうかね。

私たちも、やれるところまではやりますが、やっていい限度がね、どこまでなのか、私たちにも分からないところがございますので。電気的ショックのようなもので、邪霊のようなものを追い払《はら》うことはできますけれども、生きている人間を、例えば雷《かみなり》でも落とすようなかたちで黒焦《くろこ》げにしてもよろしいんでしょうか。「そこまでやると、宇宙人として侵略性《しんりゃく》が出てくるんじゃないか」と思って、心配しているんでありますけれども。

どの程度まで、私たちがやるべきなのか、あなたがたが考えるべきなのか。

このへん、ちょっと羊の群れにしか見えないんですけれども、どうなんでしょうか。

要するに、そういう嫌《いや》がることを宇宙人のほうに押しつけているようにしか見えない。こういう言い方はしたくはないんですけれども、そういうふうにも見えるんですが、どうなんでしょうか。

（約十秒間の沈黙《ちんもく》）

司会　それはもう、弟子のほうで本当に護っていかないといけない部分かと思います。

ヤイドロン　いや、私たちはもう、利益を得るものは何もないので、「ああ、故郷《ふるさと》のほうに帰ってます」と言えば、それでもう仕事はしなくて済むんですけどね。ええ。

存在も見えないし、何も認めていただいてはいないので。「幽霊《ゆうれい》だけで十分なのに、宇宙人まで出なくてよろしい」と言われているような状況でありましょうから。

だから、私どもを、あまり、そういうふうにカウントできないのであれば、自分たちで、もうちょっと自警団をお持ちになるほうが、よろしいんではないでしょうかねえ。

「カルチャーとして弱い」としか言いようがありません。

根本《こんぽん》において、「信仰心《しんこうしん》が弱い団体」になっている

ヤイドロン　見ていると、（総裁の）奥様《おくさま》が一人で（邪霊に対して）カリカリと

怒《おこ》っているだけにしか見えないんですけど、どうでしょうか。
（約五秒間の沈黙）そして、「カリカリと怒ったものを公表するのは差し支《つか》えがあるんで、それは数人で聴いて終わりにする」と。だいたい、そういうことで、ほぼ終わっていないでしょうか。

現実的な解決能力、説得能力、処理能力が極めて低いように見えてしかたがありません。私たちが電撃一閃をしなくても、やっぱり、ちゃんとそれを説得し、解決する能力を持たなければいけないんじゃないでしょうかね。だから、組織として危《あや》ういように思えてなりません。

あえて私が進言するとしたら、国家レベルでの対決問題までもう入ってきているので、総裁を〝天草四郎《あまくさしろう》〟にしないためには、やっぱり、もうちょっと控《ひか》えるように言うしか、私のほうとしてはもうないんですけれども。

あくまでも担《かつ》いで戦いたいですか。どうなのでしょうか。

（約五秒間の沈黙）自分たちで、もうちょっと教線を伸《の》ばす力はないんでしょうか。

（約二十秒間の沈黙）これ以上になりますと、私も三百六十五日、二十四時間態勢になっておりますので、もうちょっと仲間を呼んでこなければいけないことにはなるんですが。ええ。

あなたがたは、そういう態勢にはなっていないですよね？　みんな、やっぱり、会社に勤めている人の態勢ですね、ほとんどがね。「宗教としては立っていない」と思います。

（約五秒間の沈黙）何かがおかしいような気がしますね。

ちょっと組織のあり方も見直したほうがいいのかもしれませんね。

どうも、許認可権限がなかにあって、いろんなものを差し止めてばっかりいて、大きくならないように見えてしょうがありませんね。

だから、やることは全部、最終的に総裁に責任がかかるようになっていますので、そういう危険負担を弟子のほうでする体制にはなっていないですね。

それは〝親心〟もあってやってることではあろうけれども、大きな組織になるには極めて厳しい状態ではあるんじゃないでしょうかね。

根本《こんぽん》においては、やっぱり、「信仰心《しんこうしん》が弱い団体だ」というふうに思います。多元的な価値観を標榜《ひょうぼう》はしているけど、それは「信仰心の弱さ」ともつながっているんではないでしょうかね。

だから、最終的には、お金だけでつながっている教団になっていないかどうか、もうちょっと反省されたいなあというふうに考えます。

まあ、日ごろご苦心されているみなさんのほうから意見等がありましたら、お聞きしますけれども。

4　質疑応答②　ヤイドロンの強さの源泉について

司会　（約五秒間の沈黙《ちんもく》）ご質問のある方はいらっしゃいますでしょうか。

（約五秒間の沈黙）

ヤイドロン　神武さん、いかがでございますか。私なんかと話をする数少ない一人だと思いますが。

神武　今年を振《ふ》り返りますと、毎月、（約五秒間の沈黙）（涙声《なみだごえ》で）本当に、毎月、

（結界護持《けっかいごじ》の面で、力不足の私たちの祈《いの》りにお応《こた》えくださって）何度もお助けいただき、そして、主《しゅ》をお護《まも》りいただきまして、まことにありがとうございます。

私のほうからなんですけれども、もしよろしければなんですが、私たちも、ヤイドロンさんの強さに学ばせていただきたく存じますので、ヤイドロンさんの強さの源泉についてお教えいただければ、たいへんありがたいです。

宇宙人のほうがストレートで純粋《じゅんすい》なところがある

ヤイドロン　やはり、あなたがたは、「宗教を信じている」といっても、八割はこの世の教育で出来上がっているんだと思うんです。この世の教育で八割は出来上がって判断していて、残りの二割のところは、幸福の科学の教学等で学んだことで判断しているんじゃないかなと思うんですね。

私たちは、あなたがたがこの世で、学校や親きょうだい、会社等で教わるような教育は受けてませんので、ちょっと違《ちが》った目で見ていることは事実です。

「星によっての文明の違い」は、この世の、この地上の「国別の文明の違い」より、もっと、はるかに距離《きょり》がある違いです。だけど、そうした、違う惑星《わくせい》から来た者たちが、幸福の科学の外護《げご》団体として、今、見ています。宇宙からも、近年、特に姿を現して、見始めております。

だから、もうちょっと、この世的なものが……。この世的なものでも、特にですね、宗教的に照らしてみると、違ったものというか、雑念とか、夾雑物《きょうざつぶつ》というか、妨害物《ぼうがいぶつ》になるようなものが、いっぱいなかに詰《つ》まっていて、それが、いろんなものを妨《さまた》げたり、躊躇《ちゅうちょ》させたりしてるんでないかと思うんですね。

だから、私たちのほうが、むしろストレートで純粋《じゅんすい》なところがあります。そんなの、この世的な考え方が違うのは当たり前のことなんで、そんなことは無視して、ええ。

いろんなメシア星の仕事を見てきていますので、そのなかでも、われわれが知るかぎり、最も古い、最も起源に属するメシアとして、エル・カンターレが出ているんですけれども、現実的な弱さに足を引っ張られて、その力が十分に出ていないし、「本当のエル・カンターレの法が、生涯《しょうがい》、説けるのかどうか」についても、この私たちは宇宙会議で心配しているんですよ。「この星の文明レベルがこのレベルだと、エル・カンターレの法が最終的に説けるんだろうか」っていう心配をしています。

「エル・カンターレの法を、最終的には全部説いていただきたい」

ヤイドロン　この十年、成功率は三割程度しかないと見ているので、七割ぐらいは、残念ながら、「笛《ふえ》吹《ふ》けど踊《おど》らず」の状態にしか見えていません。

どうして、この世の「宇宙的に見たらほとんど無価値の物事」に支配されたり、

●メシア星　宇宙のなかで、メシア（救世主）が存在している星。

押《お》されたり、妨害されたり、遠慮《えんりょ》したりするのかが、私たちには分かりません。それから、教えを、どうして、もうちょっと純粋に受け取らないのかも分かりません。

だから、これは「信仰《しんこう》のあり方の問題」まで入るのではないでしょうかね。この世的なものに対して弱すぎるように思えてなりません。とても残念ですけれども。

今のところ、この十年、それなりの発展期に入ったんだと思うけど、成功率は三割程度と思っています。

私たちの願いとしては、「エル・カンターレに、エル・カンターレの法を、最終的にはちゃんと全部説いていただきたい」という気持ちでいっぱいです。

だから、「弟子《でし》を護るために、食言《しょくげん》しないように言葉を差し控《ひか》えて、時間を先延ばしして、エル・カンターレが、エル・カンターレであることを、素《す》を出さないようにしてやり続ける」ということに対しては、一定の限界はあると私は思っています。ちょっと残念ですね。

5 質疑応答③ 信仰者《しんこうしゃ》として、この世の壁《かべ》を打ち破っていくためには

大川紫央　いつも本当に感謝申し上げております。

（約二十秒間の沈黙《ちんもく》）（涙声《なみだごえ》で）今、ヤイドロンさんがおっしゃっていたことは、本当にそのとおりだと思いますし、私たちの力が足りなくて、本当に、海外のときも日本のときも護《まも》っていただいているにもかかわらず……、目に見えないご存在に対して、エル・カンターレ自身に対してもですけれども、職員・信者さんであっても、なかなか信じられていないところもあるのかなあと感じるときもあるんですけれども……。

ヤイドロンさんもそうだと思うんですけれども、総裁先生も極《きわ》めて霊的《れいてき》な方であられますが、同時に、私が見ているかぎり、この世的にも、教団のなかでいちばん真っ当な方であると思いますし、仕事能力もとても高いご存在です。

ですが、弟子《でし》のレベルになりますと、宗教的な人だと自負する方になれば、やはり、この世的な仕事をする能力が弱くなっていき、この世的な学問をして優秀《ゆうしゅう》だと思われたりしている方に至っては、今度、自分が神となってしまい、内部的な競争をしたりして、信仰心《しんこうしん》がなかなか立たず、お役に立てていない面もあると思います。

そのようななかで、この世的な仕事能力を弟子自身も鍛《きた》え、仕事をしていかなければ、先生の力になることもなかなかできないのが現実だと思うんですけれども、どうしても、弟子たち自身のなかが、政教分離《ぶんり》の発想になってしまっているのではないかと感じています。

そこをやっぱり突破《とっぱ》して、この世的にも真っ当なリーダーとなり、信仰者として、この世の壁《かべ》を打ち破っていくために、客観的にこの地球人を見ながら思われていることがありましたら、教えていただきたく思います。

「六大煩悩《ぼんのう》」の「疑《ぎ》」と「悪見《あくけん》」の反省を

ヤイドロン　あなたがたの反省のなかで、「六大煩悩《ぼんのう》」の反省っていうのがあると思うんですが、「貪《とん》・瞋《じん》・癡《ち》・慢《まん》・疑《ぎ》・悪見《あくけん》」の最後に来るのは、「慢・疑・悪見」です。「貪・瞋・癡」は聞いていると思うし、「慢」のところも、「天狗《てんぐ》になるな」という教えはよく説かれていると思うんですが、「疑」と「悪見」のところの反省が足りてないんじゃないでしょうか。

だから、「信者である」と言いながら、自分の利害に絡《から》んでくる、あるいは利害に反することになったら、「疑」の心で見ていて動かない人はいっぱいいる。

それから、「悪見」のところですね。幸福の科学以外のもので学んだ考え方で判断していって、幸福の科学的に考えていないところが、そうとうあるんではないかと思うんですね。

こんなことを私の立場で言うべきではありませんが、あえて宗教的に言うとしたら、やっぱり、「疑の反省」と「悪見の反省」をもうちょっとなされたほうがいいと思うんですよ。

「悪見の反省」のなかには、例えば、「偏差値《へんさち》が優秀だ」とか、「学校が優秀だ」とかね、「家がお金持ちだ」とか、その他、諸々《もろもろ》のことがあろうと思います。「田舎《いなか》だ、都会だ」とかですねえ、「男性だ、女性だ」「年齢《ねんれい》が上だ、下だ」から始まって、いろんなものが入ってると思うんですけれども。

こうした、いろんな見解ですね、いろんなものが混ざって入っていると思いますけど、このへんをもうちょっと純粋化《じゅんすいか》する、「疑の反省」と「悪見の反省」を、もうちょっとなされたほうがいいんじゃないでしょうか。

もう一段の責任感と、やってのける能力を

ヤイドロン　「いや、宇宙人的視点で見る」っていうのが悪見だと言われたら、それは、まこと、おっしゃるとおりかもしれないから、とても言いにくいんですが、「宇宙人のほうが信仰心を持っているなんていうのは恥《は》ずかしいことだ」と思っていただきたいなという気持ちがします。

いや、私たちにだって、いちおう、生命体としての生活がないわけではないわけですから。みなさまがたが休んでおられる時間帯に、主として警備は厳しくなっているので、私も、「救急医療《いりょう》の医者の、仮眠《かみん》を取っているような状態」が（笑）、かなり多いんです。だいたい、そういう手薄《てうす》なときを狙《ねら》ってくるものが多いんでね。

一年間見れば、その悩《なや》ましてるものの九割近くが生霊《いきりょう》で、生霊のレベルがほとんどなんですよ。

生霊のレベルっていうのは、生きている人間がいて、その人の欲望や怒《いか》りが、守護霊《しゅごれい》の思いと一体になって来ているもので、仕事の邪魔《じゃま》に来ているものですよね。

まあ、こういう言い方は確かに恐縮《きょうしゅく》ではありますけれども、「本来、これは宇宙人の仕事ではないのではないか（笑）」と思うことのほうが多いんですが、どうなんでしょうかねえ。

それは、「弟子として、まともな人がいない」ということなんじゃないですか。「ちゃんとした説教ができる人がいない」ということなんじゃないんでしょうか。本当にそう思います。

あとは、「自分が責任を取って発信する。意見を言う」っていう機能が、極めて低いんじゃないでしょうか。かたちとしては、広報局だ、事務局だ、人事局だ、指導局だ、いろいろおありなんでしょうけど、でも、「責任ある意見」として、自分らで解決しようとなされてないように思いますよ。

国際本部も、今はお荷物になろうとしていますわね。「総裁のほうで勉強して、総裁のほうで伝道して、総裁のほうで海外の信者を増やせよ」と言っているような感じですが、増やしたところで、国際本部のほうはマネジメント能力がないために、せっかく伝道した人たちをまとめることができないで、仕事が無駄《むだ》になっている。あるいは、「海外での収入の部分まで、総裁があげてくれ」と言っているようにしか見えないので、こういう〝泣きついてくるような組織〟のところを、ちょっと改めるべきだと思いますね。

自分たちで責任を持ってグイグイ進めていって、浮力《ふりょく》が出てくるようにならなきゃいけないんじゃないでしょうかね。

だから、私たちの仕事として、今は、まあ、九割は生霊対策をやっていますけど、これは、要するに、「教団のなかで、ちゃんと相手を対面で説得するだけの人材がいない」っていうことでしょう? そういうことなんじゃないですか。

だから、自分の本心を隠《かく》して、みんな静かにしていて、「本心を露《あら》わにして攻《こう》撃《げき》したり、暴《あば》れたり、怒《いか》ったりしてる人たちを、どうすることもできないでいる」っていうことなんじゃないでしょうかねえ。

これはねえ、先ほど、この世の常識とも言いましたが、「この世的に見ても普《ふ》通《つう》はできないようなこと」が、この教団に関してはできるようなものがあるんですよ。

普通の会社とかであっても、「そういうことは許されないね。そういうことは言っちゃいけないでしょう」とか、「その立場で、そういうことを言っちゃいけないでしょう」というようなことが、まま横行《おうこう》しており、ときには、それが悪化すると、生霊となって総裁のところへやって来る。特に、あなたがたが手薄のときにね、やって来るのが多いですね。

だから、これは、やっぱり、「もう一段の責任感と、現実に解決してのける能力が要《い》る」ということで、あぐらをかいている人たちが各所で弱めているんだと思いますね。

だから、「責任を持って問題解決をして、そして、やってのけて、総裁の仕事が進むようにしてくれる人」が上に立つ組織に改善されたほうがいいと思います。

「エル・カンターレの本心」を知り、伝えていく団体となれ

ヤイドロン　それと、一般《いっぱん》職員や信者のみなさまがたは、先ほど言った、「疑の反省」と「悪見の反省」をもうちょっとなされて、「自分の考え方は、『何とか新聞』の考えを中心に考えすぎていないか」とかですねえ、「テレビの意見に影響《えいきょう》

されすぎていないか」とか、「作家や言論人の誰《だれ》それの意見に支配されていないか」とか、「何とかという国のみの考え方に影響されすぎていないか」とか。こういうことをもうちょっと、スパッと、取りついているものを牡蠣殻《かきがら》のように落として、「エル・カンターレの本心は、どうなんだろうか」ということを、もっともっと知り、伝えていこうとする団体に変わらなければ、いわゆる普通の伝道じゃなくて、電気的な伝道力自体も落ちているように見えて、しかたがないですね。

だから、この世的な部分で、そうした夾雑物《きょうざつぶつ》というか、迷いや間違《まちが》いに当たる部分を身につけている人が間に入ることで、本当に伝わらなくなっているんじゃないでしょうかね。

私はそのように思いますが、このへんが、私が言うことの限界です。それ以上は無理ですけど。

司会　それでは、お時間となりましたので、以上とさせていただきます。

ヤイドロン　はい。

司会　ありがとうございました。

6　もう一段、組織として、切れ味と機動力と強靱《きょうじん》さを

大川隆法　はい（手を一回叩《たた》く）、ヤイドロンさん、どうもありがとうございました（手を二回叩く）。

年末に当たって、イエスとヤイドロンさんが来ましたが、今年いちばん活躍《かつやく》された方々でもあるのかなあと思っております。

「逆に、足りなかったところを、少し考えていただきたい」ということで、両者を合わせると、「もう国家レベルのところまで踏《ふ》み込《こ》みつつあるけど、組織がついてきていない」ということのように聞こえます。

だから、「もう一段、組織として、切れ味と機動力と強靱《きょうじん》さがないと駄目《だめ》だ」

ということですし、「現実に足を引っ張っているところがある」ということだったと思いますね。

これを聴《き》いて、分かる人は分かっていただければと思います。

第3章　トス神の霊言《れいげん》

―北米を統《す》べる神の本心―

二〇一九年十月五日（日本時間十月六日）　収録

カナダにて

トス（約一万二千年前）
アトランティス文明の最盛期を築いた大導師。宗教家、政治家、哲学者《てつがくしゃ》、科学者、芸術家を一人で兼《か》ね備えた超《ちょう》天才であり、「全智全能《ぜんちぜんのう》の主《しゅ》」と呼ばれた。地球神エル・カンターレの分身《ぶんしん》（九次元存在）であり、古代エジプトではトート神として知られている（『アトランティス文明の真相』〔幸福の科学出版刊〕等参照）。

質問者

大川紫央《おおかわしお》（幸福の科学総裁補佐《ほさ》）

神武《じんむ》桜子《さくらこ》（幸福の科学常務理事 兼《けん》 宗務《しゅうむ》本部第一秘書局長）

〔質問順。役職は収録時点のもの〕

1　カナダでの講演前日に、北米の神トスを招霊《しょうれい》する

大川隆法　北米の神トス。
北米の神トス。
北米の神トスよ。
●明日《あした》の講演会の前に、あなたの意見の結論だけを聴《き》いておきたいと思っています。
北米の神、北米を主として指導しておられるトス神よ。
明日の講演会の前に、あなたの結論だけを伺《うかが》っておきたいと思います。
よろしくお願いします。

●明日の講演会　2019年10月6日〔日本時間10月7日〕、カナダ・トロントにて“The Reason We Are Here”と題し、英語による講演と質疑応答を行った。『いま求められる世界正義』（前掲）参照。

（約五秒間の沈黙《ちんもく》）

トス神　はい。

大川紫央　いつもありがとうございます。

トス神　はい。

大川紫央　カナダで明日ご説法なんですけれども、四点ほど、お訊《き》きしたいことがございます。

トス神　はい。

2　地球温暖化について、どう考えるべきか

CO_2の増加で植物が繁茂《はんも》し、新しい農業等の可能性が出てくる

大川紫央　まず、「グローバル・ウォーミング（地球温暖化）」についてお訊《き》きします。

カナダの地は環境《かんきょう》問題についても関心が高い地だと思います。グレタさんも活動されたりしています。

先ほど、オーディン神《しん》に、いちおう、少しご意見を伺《うかが》ったところ、「もうデスティニー、運命だ」とおっしゃいました。

そして、「人間は、CO_2（二酸化炭素）を出すとか出さないとか、そういう

●グレタさん……　スウェーデンの環境保護活動家グレタ・トゥーンベリ氏（16歳）は、2019年9月、「国連気候行動サミット」で怒りを露《あら》わにしながら演説をし、各国の首脳を批判。カナダのモントリオールで抗議デモに参加した。『CO_2排出削減は正しいか』（幸福の科学出版刊）参照。

ことに、もう、そんなにかかわらずにいたほうがよい。ある程度、地球の地理的な変動の計画として、どこかが沈《しず》む計画や浮上《ふじょう》してくる計画があるので、人間の力でどうにかできるものでもない」というようなことをおっしゃっていたんですけれども、トス神はどう思っておられますか。

トス神　いやあ、CO_2は、地球の歴史を見れば、もっと昔には、もっと出ていたことが多くて。要するに、人工の自動車の排気《はいき》ガスとかではなくて、火山の噴《ふん》火《か》等にCO_2の排出がそうとう多くて……。

大川紫央　ああ。

トス神　空が雲に覆《おお》われていた時代もあったので。

●オーディン神　北欧神話における最高神。地球神エル・カンターレの分身の一人。『公開霊言　古代インカの王 リエント・アール・クラウドの本心』（幸福の科学出版刊）参照。

そういうことを考えると、今は非常にきれいな空で、そのCO_2の大部分は森林などの緑になっている。要するに、植物の原料ですね、栄養源になっているので。CO_2を吸って炭酸同化し、それが酸素の供給にもなっているので。

大川紫央　そうですね。

トス神　それを考えますと、CO_2濃度《のうど》が上がるということは、地球が一時期、温暖化するように見えるかもしれませんが、その温暖化は、植物が繁茂《はんも》することを意味し、植物の栄養源が増えることを意味し、酸素が供給され、地球に新しい農業とか資源の可能性が出てくることを意味しています。

こういうものは、確かに、この一世紀で急激に増えてはいますが、長い歴史から見ると、火山噴火とかに比べれば、はるかに少ないものなので。

大川紫央　うーん。

トス神　今、地球上で出ているＣＯ$_2$は、例えば、ポンペイのヴェスヴィオ火山が噴火したときなどに地球上を覆ったＣＯ$_2$の雲に比べれば、すごく少ないものなので。

それは〝数字計算屋〟がつくったものでしょうけど、自浄《じじょう》作用が働くようにはなっているので、私は、心配はそんなにないと思っています。

大川紫央　地球自体が自浄作用を起こして……。

トス神　そうです。

大川紫央　気候を変えたりして……。

トス神　だから、今は砂漠《さばく》の地帯が次は緑になって、農地に成り代わったりしますので。

大川紫央　なるほど。

トス神　「人が増えればCO_2が出る」と思っているかもしれないけれども、それによって緑が増える。今、砂漠地帯があちこちにあるので。アフリカや中東、オーストラリアにいっぱいあるし、ロシアのツンドラ地域があるけど、緑が多くなりますので、全体で考えてみると、まあ、そう悪いことではないと思っています。

だから、結論を言えば、トランプさんが正しい。

大川紫央　トランプさんとか、プーチンさんとか。

トス神　はい。

大川紫央　なるほど。

〝自然に帰れ運動〟は左翼《さよく》のマルクス主義につながる

大川紫央　今の環境活動、「グローバル・ウォーミング」に対する活動だと、「科学を信じろ」ということをよく言っていますけれども。

●トランプさんが正しい　トランプ大統領は気候変動とCO_2の関係に懐疑的であり、CO_2の排出量の規制に慎重な姿勢を取っている。

トス神　人間の、産業革命以降の成果を否定したい気持ちだろうと思うんですね。だから、ある意味で、ルソー的な〝自然に帰れ運動〟で、これが左翼《さよく》につながっているんですね。

大川紫央　結局、科学の発展によって、今、「（環境活動家が危惧《きぐ》しているCO$_2$など）いろいろなものが排出されている」ということも起こってはいますからね。

トス神　うん。左翼のマルクス主義につながるものですけれども、マルクス主義の問題点は、「生産性の向上」ということをまったく理解していないことなんですね。

「CO$_2$が出て、それで、もう滅《ほろ》びる」みたいな言い方をするけれども、「生産性が向上することにより、多くの人たちが、利便性を増して付加価値を生み、収入を増し、食糧《しょくりょう》が増産される」というふうなサイクルを見落としているんですね。だから、科学的に見て間違《まちが》っています。

大川紫央　なるほど、なるほど。

もっと多くの雨とCO_2があれば、砂漠《さばく》を緑地《りょくち》化できる

神武　今、世界の人口が百億人以上になろうとしていて、「食糧危機が来る」と言われているんですけれども、それに対し、ある意味でのご慈悲《じひ》として地球温暖化があると考えてよろしいですか。

トス神　ですから、アフリカも昔はもうちょっと緑もあったのが、砂漠《さばく》化がすご

く進んでいますので、もっと多くの雨とCO_2とがあれば、緑地化《りょくち》するのは簡単になりますね。

大川紫央　確かに。

トス神　彼らは豊かになります。

大川紫央　今、アフリカの動物も、森林が減っていくことで危機に瀕《ひん》しています。

トス神　そうです。もう灌木《かんぼく》しかないので。痩《や》せた木がパラパラッとあるだけなので。

大川紫央　そうですね。

トス神　動物たちの食物がなくなって、少ない動物が人間に食べられたりして死に絶えていっているので、(CO_2の増加は)むしろありがたい話です。

先進国がCO_2を出してくれることによって、アフリカとか、そういう利用されていない地域、あるいはゴビ砂漠あたりが緑になっていく姿もありえると考えます。

太陽光発電だけでやりますと、CO_2の排出量が減るので、かえって、そういう砂漠化は進みます、もっと。

大川紫央　では、やっぱり、「あまり地球温暖化に反対しすぎると、それも人類や動物が減っていく方向になってしまう」ということですか。

トス神　だから、〝地球絶滅《ぜつめつ》化〟ですね。

大川紫央　なるほど。

トス神　そちらになります。

「氷河《ひょうが》が解《と》けたりする」とか言っていますけれども、北極の。それは水になり、やがて海水温が上がれば蒸発して、雨雲になり、雨になって降ってくるんです。それが、草木《そうもく》が増えたり森林ができたりするもとになります。

だから、雨とCO_2があれば、森ができるんです。

大川紫央　分かりました。

トス神　だから、科学的に見て、グレタさんが言っていることは間違っています。

大川紫央　はい。

神武　ありがとうございます。

3 「香港《ホンコン》革命」はこれからどうなるか

習近平《しゅうきんぺい》主席は「香港革命」を行政長官の処分で終わらせようとしている

神武　次に、「中国・香港《ホンコン》問題」について、お伺《うかが》いさせていただきたいと思います。

今、「香港革命」が進んでいるなかで、今日のニュースによると、香港では覆《ふく》面《めん》禁止法が制定され、より自由を求める「香港革命」と習近平《しゅうきんぺい》体制がぶつかっていますが、トス神には未来がどのように見えますでしょうか。

トス神　習近平《しゅうきんぺい》の考えは、要するに、香港の行政長官キャリー・ラムを憎《にく》ませようとしていますね、明らかに。

大川紫央　なるほど。

トス神　香港の行政長官と警察を憎ませようとして、「香港内部の内乱」に持っていこうとしているわけです。だから、長官に覆面禁止、マスク・バン法をつくらせてやっていまして、自分たちのほうは安全地帯に逃《に》げようとしていますね。
「一国二制度」を保証しているけど、「内部で争っているだけだ」と。こういうことを国際的に認知させようとしているわけですね。それに対して、国際社会で、いろんなところで批判の声が上がっているということですね。
たとえ香港警察が暴虐《ぼうぎゃく》なことをしたとしても、「それは香港のなかでの治安が乱れている」っていうことで、「最終的には、その行政長官を処分することで終わらせよう」と考えているのが習近平体制ですね。

中国は習近平《しゅうきんぺい》体制が倒《たお》れ、「議会制民主主義」に移行する

トス神　まあ、未来はどうかということですけれども、うーん……。

（約十秒間の沈黙《ちんもく》）私が予想する未来は……。「十年以内に引っ繰《く》り返る」と思いますね、やっぱり。

大川紫央　今、自由を享受《きょうじゅ》している香港側の体制のほうが多数になってくる、と？

トス神　うーん。だから、中国は、「共産主義」と称《しょう》しながら、経済は「資本主義」「自由主義」の部分を入れて、繁栄《はんえい》だけを取って、政治的には共産主義でや

ろうとしているけど、もう、政治がこれ以上、現状維持《いじ》だと、経済のほうが駄目《だめ》になっていく時代に入るので。これからスローダウンしますから。

それで、やっぱり、「政治の自由がなければ、経済の自由もない」という、ごく当たり前のことが当たり前に証明される時代が来るから、あの習近平《しゅうきんぺい》体制は倒《たお》れます。

大川紫央　確かに、経済で裕福《ゆうふく》な人がたくさん出てきたら、共産主義とは矛盾《むじゅん》してきますものね。

トス神　鄧小平《とうしょうへい》が成功したと思う、「ソ連の崩壊《ほうかい》のようなことを起こさない。経済だけは自由化して、政治は現状維持」というので、やろうとしている。

だから、中国自体が、二つの制度を合体制にして、「修正社会主義」をやってきたつもりであるけれども、これが、やっぱり、「政治を自由化しなければ、経済の自由はありえない」ということを香港が証明することになりまして、結局、中国本体のほうの自由化は進みます。

だから、今の体制は必ず敗れる。なぜかというと、今の共産主義政府の信用の担保《たんぽ》は、経済的発展だからです。

大川紫央　ああー。

トス神　だから、経済的発展が止まったら、もはや、何にも信じるものはなくなります。

大川紫央　なるほど。

トス神　これだけが、経済成長率が〝神の代わり〟なのです、中国においては。これがなくなったときに中国は倒れます。だから、自由化せざるをえないでしょうね。

そのあとはどうなるかですが、いちおう、遅《おそ》まきながら「議会制民主主義」に移行することになると思います。

大川紫央　分かりました。

トス神　憎んでいるデモクラシーを入れなきゃいけなくなると思います。

キャリー・ラムとか警察の長《ちょう》とか、そういう者は、内紛《ないふん》で死ななければ、たぶん、北京《ペキン》政府のほうから責任を取って、その〝クビ〟をはねて、〝和解の印《しるし》〟にするでしょうね。

「香港の覆面《ふくめん》禁止法」と「中国の監視《かんし》システム」の行く末とは

大川紫央　中国の大陸のほうでは、デモの参加やSNSでの体制批判の発言も違《い》法行為《ほうこうい》になるのですけれども、今、香港では、「マスクをつけるな」などと言って、逮捕《たいほ》できるようにしようとしていると思います。

トス神　ああ、それはねえ、そうならないですね。監視《かんし》カメラを壊《こわ》す運動が始まります、まもなく。

大川紫央　なるほど（笑）。

トス神　そちらを壊していきますから、順番に。カメラは壊せますよ、簡単に。

大川紫央　今、香港政府は、結局、中国の法律を香港にも適用させようとしているようにも見えます。

トス神　これは、でも、中国が進んでいると思っているけれども、「ＡＩに支配される未来社会」への拒否《きょひ》ですから。これは、全体主義社会を再び違《ちが》うかたちでやろうとしているから、それへの拒否なので、「敗れる」のは真実ですね。

大川紫央　今、中国国内の監視システムに関する本などを読むと、もう本当に、「人間がタグ付けされて管理されている社会」のようになっていますものね。

トス神　そして、自分たちもね、また監視されているんですよ。

大川紫央　あっ、確かに。

トス神　だから、倒されるときには、自分たちの秘密情報が露出《ろしゅつ》して倒されるようになります。

大川紫央　なるほど。

トス神　何をしているのか、いろんなことが分かって倒されるようになる。もう、十年はもたないですね。

だから、「香港革命」を応援《おうえん》して、海外の活動家を応援する方向で正しいと思います。

この二十年、ずっと続いている民主化運動が表面化してくる

トス神　それで、中国政府は「暴動」という言葉を使っていますけれども、ウイグルやチベット、内モンゴルと、すでにね、〝暴動〟は毎年、もう十万件ぐらいは、起きていたんですす、ずっと。放送されないし、報道されないので分からないだけで。

香港のも「暴動」と言っていますでしょう？

ああいう、デモとかですね、政治運動なんですよ。そういうデモや政治運動、集団による権利の主張を「暴動」と呼んでいるので。

だから、すでに、民主化運動は、この十年、二十年、ずっと続いているんです。もう、天安門《てんあんもん》以降、ずーっと続いているのが、今、表面化してきますので。たぶ

ん、「中国南部から壊れてくる」と思いますから。

大川紫央　分かりました。

トス神　あと、中国共産党の内部からも革命勢力は出てくると思います。いや、これは崩壊ですね。それ以外に方法はないです。絶対です。百パーセントです。崩壊します。

大川紫央　はい。分かりました。

4　ＬＧＢＴに対するトス神の見解

ＬＧＢＴは神の目を無視した昆虫《こんちゅう》的・動物的価値観

大川紫央　では、次ですが、カナダには「ＬＧＢＴ」の問題があります。トス神としては、どのようにご覧になっていますか。

トス神　はあ……（ため息）。まあ、でも、ある種の、何と言うかねえ……、「魂《たましい》の存在と天国・地獄《じごく》の存在を認めていない人たち」なのではないかとは思います。

だから、この世の世界がすべてなのではないかな。「この世で自分がしたいことをやれることが幸福」と思っているので、「そのあと、あとの世界があったり、神の目がある」ということを、たぶん認識していない。

それも、ある意味での「無神論」につながっていく動きかなと思います。たぶん、そうだと思う。無神論だと思いますね。

だけど、それは、神の目を無視した動きでしょうね。地球神は、今、いちおう、〝相対性原理《そうたい》〟でこの地球をつくっているので。いちおう、そういう地球の方針であるので。

あなたが言っていたように、昆虫《こんちゅう》の世界にやや近い世界になりますので、モノセックス（単性）の世界は。

人類が高等化しているのは、男女を分けられて、「男女の間で切磋琢磨《せっさたくま》しつつ、自分に釣《つ》り合う相手を探す」という過程のなかで、「進歩」というのがあるからなんですよ。

だけど、単に「子孫《しそん》を残す」というだけであれば、卵を産めば、それで済むことで、求愛行動も何も要《い》らなくなってくることもありますので。まあ、「昆虫的な価値観でもある」とは言えるし、動物的と言えば動物的な価値観であって、動物たちや昆虫たちは、あの世のことは考えていないはずですけどね。

だから、それは、やっぱり、ある意味で「神を畏《おそ》れていない」ということで、「現代のソドムとゴモラ」であるので、滅《ほろ》ぼされることになると思います。だから、自由化したあと、今度は激しい弾圧《だんあつ》が来ます。

大川紫央　ああ……。

トス神　世界各地で法制化され、自由化されたあとのソドムとゴモラ化が起きます。神の怒《いか》りが、違《ちが》うかたちで現象化するはずです。

同性愛は、一種の「唯物論《ゆいぶつろん》の変形」であり「神に対する反抗《はんこう》」

大川紫央　もし、「どうしても、同性に魅《ひ》かれてしまう」という方がいらっしゃったとしたら、トス神は、どのようなアドバイスをされますか。

もしかしたら、「男性の魂として女性の肉体に宿っている」というパターンもあるかもしれませんし、そういう憑依《ひょうい》をされているパターンもあるかもしれません。あるいは、もしかしたら、「前世《ぜんせ》で夫婦《ふうふ》だったカップルが、今世《こんぜ》、同性で生まれている」とか、いろいろなパターンがあると思うんですけれども。

トス神　まあ、それは、でもねえ、基本的に、精神的な価値をあまり認めていないのではないかと思いますよ。やっぱり、一種の「唯物論《ゆいぶつろん》の変形」だと思います。

だから、男性同士、女性同士等の接触《せっしょく》を、「快感・快楽」と感じる快楽主義者でしょう？　もうひとつ霊的《れいてき》でもなく、精神的でもない。
つまり、何が言いたいかというとね、例えば、宗教には、いろんな戒律《かいりつ》もあったり、「これはよいが、これは悪い」とかいうものがあるけれども、「こんなことは関係がない」と。例えば、「人を殺さなければ、別に何をしたって自由だ」っていうような人たちがいる世界を考えれば分かりますわね。そういうことだと思うんですよ。「『自分はしたいんだから』ということは正義なんだ」という考えですね。

大川紫央　精神的に、本当に好きになってしまう場合はどうなのでしょう？　そう言われたら。

トス神　それは、病気ですよね。やっぱり、「魂の病気」だと思います。

大川紫央　なるほど。

トス神　そうなっていないので。

大川紫央　やはり、神様としては、「人間として、こうであるべきだ」というものを持っておられる。

トス神　だから、「神に対する反抗《はんこう》」なんですよ。「女性に生まれた」「男性に生まれた」ということに対して、異議申し立てをしているんでしょう？　たぶん。だけど、それはできないんですよ。生まれてくる前に計画を立てているから、本人が合意しているんですよ。

大川紫央　なるほど。

トス神　その条件で生まれてきているから。だから、それについて、天を恨《うら》んでいるんです。親を恨み、天を恨み、社会を恨み、「自分の好きなようにさせろ」と言っているので。

ＬＧＢＴが広がると、新しい弾圧《だんあつ》が生まれる

トス神　これは、やっぱり、健全な社会の建設には不向きで。

まあ今、自由化で、「ＬＧＢＴが広がり、〝虹色《にじいろ》〟が広がることがよいことで、解放なんだ」と思っているけれども、これはフランス革命と同じで、「解放したと思ったら、そのあと、ギロチンが待っている」ではないけど、恐怖《きょうふ》政治が、そ

のあと、やってくると思いますね。

だから、これは、「赤狩《あかが》り」がされたような感じの、「ＬＧＢＴ狩り」が、もうすぐ始まりますね。もうちょっと広がったあと、始まると思います。

でも、それに備えたほうが、もう、よいと思います。

「神、仏、宗教、あるいは、倫理《りんり》、道徳、こういうものを全部無視して、唯物論の、無神論の、快楽主義者の権利がどこまで認められるか」というと、やっぱり、それは本当に、ごく密《ひそ》やかな世界にしかありえないので。

密やかにやっているからこそ、そういう世界が楽しかったところもあるんでしょうけれども、表に出たら、それは〝雷《かみなり》に打たれる〟ことに、たぶんなるでしょう。

だから、これは、新しい弾圧《だんあつ》を生みますね。全体主義とはまた別の弾圧が発生すると思います。それはねえ、人類が、「まだ地上に何億年も生き続けたい」という気持ちを持っているため、許されないんです。

ＬＧＢＴの問題には唯物論的な考えが入っている

大川紫央　やはり、「人間は神に許されて存在しているのだということを忘れてはいけない」と。

トス神　今の性に抗議しているんだと思いますが。やっぱり、その考えのなかには、唯物論的に、試験管でできるような気持ちがあるんだと思います。

大川紫央　「人間が」ですね？

トス神　そうそう。それは間違っているので。

生まれる前に、両親を選んで、だいたい、男性に生まれるか、女性に生まれるか、あるいは、ある程度の人生の設計もしてきているけど、それに不満な人たちが、そういうことをしたり、自殺をしたり、人生の転落をいろいろ起こすんです。犯罪人なんか、そうですけど。家庭を壊《こわ》すのが目的で生きている人はいないけど、実際、壊れてしまうようにね。

ただ、まあ、カントのいいところを取るとすれば、「みんながまねしたら、どうなりますか。あなたがやることを他の人もまねしていいことだったら、それはやりなさい。しかし、あなたがすることをほかの人がまねしたらよくないことは、やめなさい」。

これは、カントの言う、「格率《かくりつ》」という問題なんですね。正しい人間の倫理観なんですね。

ＬＧＢＴの人たちが、少ない、〇・八パーセントかそこらで楽しんでいる分は、まあ、限界だろうと思いますが、みんながそれを求める社会になったら、それは何の保護にも値《あたい》しない。

やっぱり、迫害《はくがい》されますよ。それで、一定の率を超《こ》えたら、おそらく、二、三割ぐらいのレベルのところで始まると思いますけど。それは、もっと厳しい時代が来るはずだと思いますね。

それもまた、〝ヒットラーと違った意味でのヒットラー〟が出てくる。違うかたちの迫害が出てくると思いますね。

人間が反《かえ》すことはできない「神がつくったルール」

トス神　それと、「性転換《せいてんかん》」なんかも、ある意味で、死んでみないと、どうなるかは分からないものはあると思いますよ。

大川紫央　誰《だれ》しもが、今世、男性なら男性で、自分として、何か修行《しゅぎょう》課題を見つけて、その性を選んで生まれてきているところがあるから……。

トス神　わずか数十年ですからね。

大川紫央　「そこについても、思いを馳《は》せてみないといけない」というところでしょうか。

トス神　「なんで、この性で今回生まれて、こういう家に生まれたか」ということは、あの世に還《かえ》ってみたら分かるようになっている。
　生まれてくる前のことは忘れている。これはルールだから。神がつくったルールなので、これは反《かえ》せないんですよ。

だから、この世の中は、この世で完結しているように見えるんだけどね、そうじゃないことに気づかねばならない。そのために、宗教があるので。

まあ、それは、「宗教破り」ですね、ある意味でのね。それか、「宗教の弱体化」ですよね、ある意味でね。

大川紫央　そうですね。

トス神　それは、今はいいように見えるけど、もうちょっと増えたら、絶対、弾圧を呼びますので。

大川紫央　確かに、「神様につくられた人間であり、自分たちである」という視点、「どうして、神様はこのようにつくったのかな」という視点を、もう一度、思い出さないといけないところはあるのでしょうね。

トス神　「人を奴隷《どれい》にする全体主義」にも、神は反対はされますけれども、「自分たちが神様のほうを鎖《くさり》で縛《しば》ることができる」と思い上がっている人に対しても、やっぱり、一定の罰《ばつ》は与《あた》えられます。

大川紫央　やはり、フレディ・マーキュリーの“We《ウィ》 Are《アー》 The《ザ》 Champions《チャンピオンズ》”は……。

トス神　間違いです。

大川紫央　間違いになっていくということですね。

トス神　人間が神様になってしまっている。大勢の、三十万人もの人が集まってワアワア言ったら、もう神様になったつもりでいるんですね。だけど、間違っているんですよ。

大川紫央　はい。

トス神　それはねえ、間違いなんですよ。ええ。だから、「神がない時代だ」と思っているのだろうと思うんですね。

大川紫央　「人間が好きなように生きて、何が悪いんだ」というところですか。

トス神　「わがまま」ということを「自由」ということと一緒《いっしょ》にしてはいけないので。「本当の自由には責任が伴《ともな》う」ということです。

『ドリアン・グレイの肖像《しょうぞう》』を書いたオスカー・ワイルドの真意

神武　先般《せんぱん》、オスカー・ワイルドの霊言《れいげん》を録《と》ったのですけれども、ＬＧＢＴの方の霊言を録ると、地獄に行っている方が多いんですが、オスカー・ワイルドは天国にいる聖人でした。

トス神　はい。

神武　ただ、そのところが、私たちにとっては複雑で、やや分かりにくく感じるのですが……。ＬＧＢＴの問題について、天国・地獄はどのように分かれていく

●オスカー・ワイルド（1854 ～ 1900）　アイルランド出身の詩人・作家。唯美主義文学の代表的作家の一人。主な作品に『幸福な王子』『ドリアン・グレイの肖像』などがある。『オスカー・ワイルドの霊言』（幸福の科学出版刊）参照。

のでしょうか。

トス神　うーん……。オスカー・ワイルドの問題は、ＬＧＢＴの問題だけではないんですよ。やっぱり、堕落《だらく》した貴族社会、イギリスの貴族社会の堕落と、次の時代への変革の過渡期《かとき》にあったものなので。

あれが言っているのは、性的なことで言っているけれども、現実は「貴族社会の堕落」の問題なんですよ。それを言おうとしているところがあるので。

大川紫央　だから、『ドリアン・グレイの肖像《しょうぞう》』を書いたと。

トス神　そうそうそうそう。それを言いたかった。貴族社会の堕落を言いたくて、民主主義の時代が来るための序曲ではあったわけです。ＬＧＢＴ系のゲイで逮捕《たいほ》

●『ドリアン・グレイの肖像』　オスカー・ワイルドの長編小説。純朴な青年ドリアンの姿に心酔する画家によって描かれた肖像画はその美貌《びぼう》を見事に写し取っていたが、ドリアンが享楽的な友人に影響されて自堕落な生活を送るうちに、醜悪《しゅうあく》な肖像画へと変化していく。

されるっていうのは、まあ、〝おまけ〟ですね、どちらかといえばね。

大川紫央　なるほど。

トス神　それが本来の目的ではないですね。

大川紫央　それでは、貴族社会の退廃《たいはい》しているさまを……。

トス神　すごく退廃してますよ。うん。

大川紫央　どうにか知らせないといけないところがあると思っていた？

トス神　うん、麻薬《まやく》はあるわ、金は余っているわ、賭《か》け、マージャンはするわ、身分の下の者は、何て言うか、遊んで捨てる、殺す。自由にやっていて、責任を問われない社会だったんですよ。

大川紫央　働かなくてもお金は入ってくるから。

トス神　共産主義が完全な善にはならないけれども、ただ、貴族社会もそのままでは続かないのも事実であってね。そこで、人間としての生き方を試行錯誤《しこうさくご》していたものだと思いますよ。

そして、人間としての生き方のなかには、貴族は「もう黙《だま》っていてももらえる者、人から与えられる存在だ」と思っているけれども、オスカー・ワイルドは、「人に与える人生」ということの大切さを考えていたんですね。

まあ、そう長い社会活動はできていないから、十分ではないけれどもね。十分ではないですけど、貴族社会の堕落に抗《あらが》うものがあったということだと思いますね。

大川紫央　それを聞いた上で「オスカー・ワイルドの霊言」を思い出すと、とても納得《なっとく》がいく感じがしますね。

トス神　だから、まあ、彼なりに、その時代的失敗はしたんだと思いますよ。

大川紫央　はい。

トス神　それは、イエスが十字架《じゅうじか》に架かったのも失敗があったし、ソクラテスも失敗があったように、時代的な失敗はあったんだとは思いますけどね。堕落の世界を小説に書いただけでなくて、「実生活のなかで知ってほしい」というものもあったのかなあと思いますね。

大川紫央　実生活で体験したからこそ、「これはちょっと間違っているんじゃないか」という感じに持っていこうとしたのでしょうか。

トス神　そうそう。

LGBTの神になるつもりではなかったオスカー・ワイルド

トス神　だから、もうねえ、酒浸《さけびた》り、賭博《とばく》浸り、麻薬浸り、それから、男女の関係も乱れに乱れていた時代ですよ。身分の低い女性たちは、もう、身売りするしかない時代ですよねえ。
だから、そういうところで、何か問題提起したかったのは間違いない。

大川紫央　「魂の尊さにおいては、みんな公平なのだ」というところや、「平等なのだ」というところを言いたかった？

トス神　うーん、だから、行いによって心は変えられるし、心が変われば行いも変わるし、その両者の連動を、彼は研究していたとは思うんですよね。
まあ、全部を正当化できるとは思えないことはありますけど、ＬＧＢＴの神になるつもりではなかったと思いますよ。たぶん違うと思う。

大川紫央　彼を、ＬＧＢＴの問題だけで考えてはいけないところがあるということですね。

トス神　違いますね。

大川紫央　分かりました。

トス神　だから、もっと取り締《し》まるべき罪はいっぱいあったのに、そちらのほうは放置して、そういう、少年への愛みたいなのは刑務所《けいむしょ》行きになるような、そんな社会ですから。おかしい。だから、人間がつくった法律と、その運用がおかしい時代ではあったと思います。

まあ、そのイギリスのあり方がね、マルクス主義も生んでいるし、その後の革命をいろいろ生んではいるんですけどね。彼は、そういう全体についてやれるところまでは行っていないとは思いますが。

大川紫央　はい。

もう一度、「神の目」というものを意識し、自制心を働かせる

神武　ＬＧＢＴについて、私から最後にお訊《き》きしたいことがあります。幸福の科学の信者のなかにも、ＬＧＢＴの方がいらっしゃるのですが、そういった方が、トス神の今日の霊言を拝聴《はいちょう》したりして、「自己変革したい」と思われる方もいらっしゃると思います。そういった方々の心の道しるべになるようなお言葉を頂けると、たいへんありがたいです。

トス神　まあ、男女の道のところはねえ、「宗教的人格であるかどうか」の最初

の入り口なんですよ。ここのところがね、すごい厳しいんですけどね。終わりはないんですけど。

大川紫央　はい。

トス神　「男女の関係、人間としてどう生きるかを、男の立場と女の立場で考える」というのが、今回の魂修行の出発点の一つではありましてね。だから、「周りがそうだから」ということで、だんだん影響《えいきょう》されていっているものもあるんだろうとは思うんですけどねえ。

私からのアドバイスとしては、「ゲイも、それからレズも、あるいはバイセクシャル等、いろいろ言っているけど、それは、やっぱり、あの世での色情《しきじょう》地獄と畜生道《ちくしょうどう》が混ざったような地獄ができていますよ」っていうこと。「もうすでにできてきていますよ」と。「そういうところで、肉体がないのに、肉体を通してしかできないことにふける人たちが、今のところ、救えない状態にありますよ」と。

だから、宗教の道のなかの一つには、「清純《せいじゅん》さ」「清《きよ》らかさ」というものがあるんだっていうことと、やはり、「道を外さない」ということもあるんだっていうこと。

肉体から発するいろんな欲望はありますけれども、それをそのまま発現させたら、世の中、それは、泥棒《どろぼう》も殺人も強姦《ごうかん》も何でもありな世界ですよ。だけど、みんながよりよく生きていくために、そうした、「肉体的な自分の思いを完全に達成することのみが幸福」という考えを、みんながある程度のところで交通整理して、自制しなければいけないんですよね。

だから、ルールをつくる。つくって、それに則《のっと》らなければいけないようになる。車を買えば、最高速度を出したくなるけれども、やっぱり、場所によっては速度制限がありますわね。それと一緒でして。

それは、男性が男性を襲《おそ》い、女性が女性を襲い、人間が動物とセックスする、そういう世界も現実にありますよ。ただ、それは、やっぱり、「もう一度、『神の目』というものを意識してみてください」と。「神はそういうことを喜ばれていると思いますか」ということを知ってもらいたいなと思いますねえ。

今、地獄はすでにもうできているので。「この百年以内に分かる」とか言ってたけど、そうじゃなくて、もうできてきているので、もうだいたい見えて……。これ、増えてくるんでしょ。だから、今までの、男女の間だけでのそうした地獄以外のものができているということですね。そういう、「乱れる」ということが、もっと幅広《はばひろ》い概念《がいねん》を持つことになるわけですね。

それに対しては、キリストが言っているようにね、「その目でもって情欲が起きているなら、その目をえぐりて捨てよ」とまで、イエスは言っておりますけどね。「そうしたこの世の幻《まぼろし》にとらわれて、生き方を間違っているんだ」ということですね。「もうちょっと自制心を働かせて、社会にとって有用で有徳なことをするように努力なさい」ということですね。そちらのほうを禁じないと、また、「家庭を護《まも》る」という力が落ちてくることもありえますからね。

これ以上、ＬＧＢＴを広げれば、必ず大きな弾圧はやってくる

トス神　まあ、このへんは難しいだろうなあ。

でも、いずれまた、改革は必要になります。西洋社会のキリスト教社会は、特にそうなってきていますので。

イスラム教は、頑固《がんこ》に抵抗《ていこう》している部分でもあろうとは思いますけどね。それは、やっぱり、ある意味で、イスラムのほうに分《ぶ》があるように、私は思いますよ。家系を護ろうとしてるんでしょ？

大川紫央　はい。

トス神　いや、それは正しいと思います、人間としてね。家系を護らなくなったら、供養《くよう》もなくなり、そして、信仰《しんこう》もなくなっていくと思いますよ。

大川紫央　両親や、育ててくれた人への感謝とか。

トス神　そうそう。

大川紫央　そういう感謝の思いも、やはり、「もう少し自分を律《りっ》しながら生きていかなければいけない」とか、「お世話になった人たちに恩返《おんがえ》しをしなければいけない」などといった人間としての道徳的心の発生原因の一つになるので、そういう構図が崩《くず》れていくとよくないですね。

トス神　よくない。

大川紫央　道徳観が崩れていってしまう、というところですかね。

トス神　もしね、そういうふうな同性愛等以外に関心がないような方であるならば、むしろ独身でいて、もうちょっと「神のために仕えるような生活」が、そこにもあるんですよ。修道僧《しゅうどうそう》、修道尼《に》たちの仕事もあるので、そういう生き方も、一つにはありますね。

でも、いずれ、これは反作用が来て、これ以上広げれば、必ず、大きな弾圧はやってくると思います。

神武　ありがとうございます。

5 イスラム教国の問題について

石油が出る地域にも堕落《だらく》しているところはある

大川紫央　では、次、「イラン問題」についてお訊《き》きできればと思います。

トス神　うーん。

大川紫央　イスラエルの問題も絡《から》まってきているとは思うのですけれども、サウジアラビアとアメリカの関係性もあるでしょうし、ただ、今、イランが攻撃《こうげき》されるかもしれないという危機的な状況《じょうきょう》には来ていると思います。

トス神から見て、どう思われますか。

トス神　（約五秒間の沈黙《ちんもく》）文明的に見ると、イスラム教側のほうが、今、科学的な技術力で劣位《れつい》にありますんでねえ。先進国のほうが攻撃し、彼らは、テロ、ゲリラ的なあれしかできない。

まあ、何て言うか、「原始時代に近い生活をしている」と見なしているところはあるんじゃないかなあと思います。

これに対して、そうですねえ、イスラム教側で、今、問題が起きているのは……、まあ、石油なんかもよく出る地域のほうが、むしろ問題なので。働かずして食べていけるようなところもあったのでね。その意味で堕落《だらく》しているところはあるんですよ。自分たちが、普通《ふつう》の国にあるような職業を、きっちりとつくってこなかった部分があるんですね。

サウジアラビアも、税金を払《はら》う必要はない。そして、王族は堕落していく。こういう国ですよね。

こういう石油の利権、石油によって、普通の職業がなくても食べていけるようになって、税金を払わなくてもいい社会。それが、決して〝いい社会〟になっていないんでね。

うーん……、もうちょっとすると、もしかしたら、でも「脱《だつ》・石油の時代」になるかもしれない。そのときに、彼らが生きていけるかどうかについては、問題はありますわねえ。

大川紫央　うーん。

●サウジアラビアも……　サウジアラビアには長らく国民の税金に相当するものはなく、「ザカート（喜捨《きしゃ》）」と日本の消費税に当たる「付加価値税」（2018年導入）のみがある。

「ホメイニ革命の反革命」が、もう一回起きるかもしれない

トス神　でも、たぶん、イスラム教も、何らかの圧力がかかって改革を迫《せま》られてくるんじゃないでしょうかね。西洋から見ると、やや全体主義的に見えることは事実なので。

アッラーのために生きているならいい。ただ、アッラーを利用している面もあると思われる。「すべてアッラーの思《おぼ》し召《め》し」と考える。

大川紫央　それは違《ちが》う、と。

トス神　まあ、ある意味で〝運命論者〟であるんですよ。

大川紫央　例えば、遅刻《ちこく》したりすると、「アッラーの思し召しだから」とか（笑）、簡単に使っているところはありますよね。

トス神　そうそう。「この宿題はアッラーがお出しになったのだ。なぜ宿題をしなかった？」「いや、アッラーが宿題をしなくてもいいとお考えになったのだ」と、こんなやり取りをやっていますので。

大川紫央　（笑）はい。

トス神　日本で言うと、「『悪人こそ救われる』の浄土真宗《じょうどしんしゅう》で国を経営されたら困る」という感じですかね。

まあ、そういうところがあるんで。恵《めぐ》まれていたところもあったし、そういう時代もあったけど、多少、変革を迫られていると思います。その意味で、私は少し、何らかの戦争が起きる可能性はあるなとは思っていますね。

大川紫央　そうですか。

トス神　それは近代化のためにはよかったことで。まあ、ホメイニ以下、革命は起こしたけど、反革命が、もう一回起きる可能性が高いと見ていますね。

今、中国もイスラムも変革を迫《せま》られている

トス神　「シーア派対スンニ派」の争いもね、どこかで解決をつけないと。同じ宗教を信じている者同士が戦い続けたり、攻撃したり、ゲリラをしたりするようなのは、あまり望ましくないし、「西洋の神のほうは、テロで攻撃する」っていう

んでしょう？　あまりよろしいことではないですね。間違っていますね。それは、ムハンマドの思想にも合っていないし、アッラーの教えにも合っていないことですので。

「キリスト教の神とイスラムの神は同じ」ということになっているんですよ。これは、『コーラン』で、ちゃんとそうなっているので。それが、〝逆〟になっていますよね、今ね。

大川紫央　はい。

トス神　これは人間的な間違いのほうだと思うので。

多少、何らかの……、まあ、全面戦争になることが望ましいとは思っていないけれども、組織のシステムを一回壊《こわ》して反省させて、多少、西洋化したほうがよいこともあるかなと思っています。

もうちょっと、同じ土俵《どひょう》で話し合えるようにしたほうがいい。

大川紫央　はい、はい。

トス神　だから、中国も、イスラム側も、多少、変革は迫《せま》られていると、今、考えています。唯物論《ゆいぶつろん》の、無神論の全体主義も変革の必要があるし、アッラーの名の下《もと》に全体主義をやっているところに対しても、やっぱり、もうちょっと「個人主義」や「男女それぞれの権利」を認める余地は必要で、自由化が必要だと思われます。

まあ、その意味で、トランプさんは基本的に正しいと思います。

中東にイスラエル的なものが広がることは必ずしも悪くない

大川紫央　イスラエルについてはどうですか。

トス神　イスラエルはいちおう民主主義なんですよ。

大川紫央　ああ、そうか、選挙がありましたね。

トス神　イスラエル的価値観が中東に広がれば、いちおう、欧米《おうべい》と一緒《いっしょ》の働き方、生き方ができるんですよ。

大川紫央　なるほど。

トス神　イスラエルの神が正しいかどうかは別として、民主主義を広める意味では、イスラエル的なものが広がることは、まあ、悪くないです。

「新しいアッラー」が教えを説く必要がある

大川紫央　イスラム教のなかにも改革すべきところもありますが、ただ、西洋のほうも、民主主義が行きすぎ、「神なき民主主義」のような価値観になって、人間が傲慢《ごうまん》になってしまっている部分については直さなければいけないところですよね。

トス神　そうそう、それはそのとおりです。学問のなかに、そういう無神論や唯物論がいっぱい入り込《こ》んでいますからね。理系は特にね。

大川紫央　そうですね。西洋の学問を勉強すると、どちらかというと、唯物論とか、科学とか、実用主義とか……。

トス神　そうそう。

大川紫央　まあ、カントさんの意図《いと》するところと違ってはいるんでしょうけれども、神と分けすぎる考え方のところは、西洋も直さないといけないところがあるということですよね。

トス神　ただ、イスラム教のほうも、今のままで放っておくと、何世紀たっても変わらないままだと思いますよ。

大川紫央　そうですねえ……。うーん。

トス神　石油が尽《つ》きたら、そして、何もなくなる。

大川紫央　改宗もできないですしね。

トス神　うん。あれはよくない。

大川紫央　うーん。

トス神　原理主義者等がテロをやっていることになっているけれども、原理主義が変革を拒《こば》んでいますので。その変革を拒んでいるものは、実は、自分たちがつくってきたもののほうであって、神の教えじゃない。

だから、「新しいアッラー」が教えを説く必要があるんです。

大川紫央　はい、はい。

「寛容《かんよう》」と「平和」のイスラム教が今、寛容性に欠けた平和の敵に

トス神　アッラーは、どちらかといえば、西洋型の民主主義のほうを、やや好ましく思っていらっしゃいますから。

やっぱり、女性たちにも「ファッションの自由」ぐらいは与《あた》えて。「働く自由」とか、「運転する自由」とか、いろいろ与える必要はあるんじゃないですかね。女性は家畜《かちく》でも財産でもないので。このへんのところを改める必要があって。

「現状では改める方法はない」というなら、やっぱり、それは、進んだ文明によって、ある程度、滅《ほろ》ぼされる必要もあるかなと思いますね。

大川紫央　確かに、ムハンマドの時代とは、後世、だいぶ変形してしまっている部分はありますよね。

トス神　ムハンマドの時代は、すごく寛容《かんよう》な宗教なんですよね。イスラムは。

大川紫央　女性にも寛容だったし、他の宗教に対しても寛容でしたよね。

トス神　イスラムは「寛容」と「平和」の宗教です。全然、今は違います。

大川紫央　うーん。

トス神　非常に寛容性に欠けて、平和の敵になっていますから。ここは変えなければいけないところですね。

大川紫央　はい。

トス神　だから、キリスト教もおかしくなっているけど、こっちも……。こういう宗教改革を全部やるのは、これが「エル・カンターレの仕事」なので。

トランプ氏はイスラエルと組んで〝十字軍〟をやろうとしている

大川紫央　イエス様も、霊言《れいげん》では、「イエスの名を使って戦争をするな」ということもおっしゃってはいるので。正義のためではない、「十字軍の戦い」のようなことがずっと行われ続けてきたところはあるんでしょうね。両者。

トス神　〝十字軍〟だと思いますよ。トランプさんもたぶん十字軍のときに出ていると思いますけど。十字軍を、もう一回やろうとしていると思いますよ。

大川紫央　なるほど。

トス神　だから、今、イスラエルと組んでアメリカの共和党側が十字軍をやろうとしていると思いますよ。

ある程度までは、私はしかたがないと思っています。

大川紫央　うーん。

トス神　ただ、ちょっと、みんなが話し合って、同じような土俵で仕事ができるような改造は必要だと思っています。

大川紫央　イスラム自体も、もう少し「開かれた社会」になったほうがいいということですよね。

トス神　そうそう、そうそう。そうです。まあ、ちょっと、あなたがたのなかからは、「イスラエルのほうがやりすぎ」という考えも出てはいるんですが、人格的な問題として、まあ、それはありえるんですけど。ネタニヤフ……。

大川紫央　ネタニヤフ首相の、個人的な侵略《しんりゃく》的な気持ちのところが問題であって……。

トス神　そう。

大川紫央　大きい目で、（イスラエルの）「民主主義社会」とか、「イスラムのもう少し開かれた社会」を目指すというところは間違えていないと。

トス神　いかに独裁しようと、ネタニヤフはいずれ追い出されますから。

大川紫央　そうですね。

トス神　それは民主主義社会だからなので。

大川紫央　それには歯止《はど》めがかかるだろう、と。

トス神　だけど、イランの宗教的指導者らは追い出されないからね。

大川紫央　確かに。

トス神　これは、他国から攻撃でもされないかぎり。
だから、そのへんは、まあ、ある程度、今まで聞いているのとは違うかもしれないけれども、余地があることは考えておいたほうがいいと、みんな感じているので。

「全体主義ではない」といっても、やっぱりそういうところはありますよ。どう見ても。しきたりを変えないところね？

大川紫央　うーん。

トス神　それは、やっぱりあるんじゃないかな。

6　韓国《かんこく》・北朝鮮《きたちょうせん》問題について

トス神　あと、もう一つ、論点の残りは、「韓国《かんこく》と北朝鮮《きたちょうせん》の問題」が残っていると思いますが、この韓国・北朝鮮も二十一世紀中には、クリーンにしたいとは思ってはおります。

ですから、中国のほうに大変動が起きたら、目覚めると思います。北朝鮮はもう北朝鮮のままではいられなくなるし、韓国も中国寄りで身を護《まも》るというやり方ができなくなりますので。ええ。

大川紫央　確かに、韓国と北朝鮮は、後ろに中国がいるから、多少は強く言えているような面もありますものね。

トス神　そうそう。北朝鮮は、九十何パーセント、中国との貿易でもっていますので。それから、韓国は「日本やアメリカと切れたとしても、中国とつながれば生きていける」と思っているところがありますので。

これも、近年中に片付けるつもりです。

大川紫央　はい。それでは……。

トス神　そんなところでいいですか。

大川紫央・神武　はい。

トス神　はい。すみませんね。明日《あした》のことを先に言っちゃって。

大川紫央　いや、でも、明日の講演は四十分という短い時間なので、大川隆法総裁先生もすべてをお伝えすることができないから、あらかじめ、トス神にもお考えを聞いて、明日の補足をと……。

トス神　はい。これが、今、北米を統《す》べている神の考えです。

大川紫央　はい、すみません。

トス神　はい。

神武　ありがとうございました。

あとがき

イエスが香港デモについてどう考えているかが明らかにされた。

またヤイドロンの霊言では、私が地球だけの救世主でないことが、暗《あん》に明らかにされた。一見、内部的な話になっているが、その実、地球の宇宙的進化の使命が明らかにされている。

三番目のトス神の霊言は、カナダでの講演、"The Reason We Are Here《ザ リーズン ウィ アー ヒア》"を説くにあたって、現地のホテルの一室で、カナダを取り巻く世界的論点に迫ったものである。同性婚が合法化され、麻薬や地球温暖化問題に傾斜するトルドー首相の〝リベラル〟なカナダの方向性に対する、厳しい神の警告が出ていると思う。

全世界の混乱への解答の一書として本書を公刊する。これが現代の仏典であり、聖書である。

二〇一九年　十二月十九日

幸福《こうふく》の科学《かがく》グループ創始者兼総裁《そうししゃけんそうさい》　大川隆法《おおかわりゅうほう》

『イエス　ヤイドロン　トス神の霊言』関連書籍

『愛は憎しみを超えて』（大川隆法 著　幸福の科学出版刊）

『いま求められる世界正義』（同右）

『アトランティス文明の真相

——大導師トス アガシャー大王 公開霊言——』（同右）

『公開霊言　古代インカの王 リエント・アール・クラウドの本心』（同右）

『メタトロンの霊言』（同右）

『CO_2排出削減は正しいか——なぜ、グレタは怒っているのか？——』（同右）

『オスカー・ワイルドの霊言』（同右）

『公開霊言　QUEENのボーカリスト

フレディ・マーキュリーの栄光と代償』（同右）

イエス　ヤイドロン　トス神《しん》の霊言《れいげん》

——神々の考える現代的正義——

2019年12月26日　初版第1刷

著　者　　大《おお》　川《かわ》　隆《りゅう》　法《ほう》

発行所　　幸福の科学出版株式会社

〒107-0052 東京都港区赤坂2丁目10番8号
TEL(03)5573-7700
https://www.irhpress.co.jp/

印刷・製本　株式会社 研文社

落丁・乱丁本はおとりかえいたします

ISBN978-4-8233-0144-5 C0030

カバー Merydolla/shutterstock.com, argus/shutterstock.com
帯 AP アフロ，時事，AFP ＝時事，EPA ＝時事，
Tatiana Grozetskaya/shutterstock.com
装丁・イラスト・写真（上記・パブリックドメインを除く）© 幸福の科学

大川隆法 霊言シリーズ・**地球神・エル・カンターレの秘密**

トス神降臨・インタビュー アトランティス文明・ピラミッドパワーの秘密を探る

アンチエイジング、宇宙との交信、死者の蘇生、惑星間移動など、ピラミッドが持つ神秘の力について、アトランティスの「全智全能の神」が語る。

1,400円

アトランティス文明の真相

大導師トス アガシャー大王 公開霊言

信仰と科学によって、高度な文明を築いたアトランティス大陸は、なぜ地上から消えたのか。その興亡の真相がここに。

1,200円

公開霊言 超古代文明ムーの大王

ラ・ムーの本心

1万7千年前、太平洋上に存在したムー大陸。神秘と科学が融合した、その文明の全貌が明かされる。神智学では知りえない驚愕の事実とは。

1,400円

※表示価格は本体価格（税別）です。

大川隆法霊言シリーズ・世界の諸問題

自由のために、戦うべきは今

習近平 vs. アグネス・チョウ 守護霊霊言

今、民主化デモを超えた「香港革命」が起きている。アグネス・チョウ氏と習近平氏の守護霊霊言から、「神の正義」を読む。天草四郎の霊言等も同時収録。

1,400円

イランの反論

ロウハニ大統領・ハメネイ師守護霊、ホメイニ師の霊言

なぜアメリカは、イランをテロ支援国家に仕立てるのか。イランの国家指導者たちの霊言、守護霊霊言を通して、混迷する中東情勢の真相と黒幕に迫る。

1,400円

CO_2排出削減は正しいか

なぜ、グレタは怒っているのか？

英語霊言 英日対訳

国連で「怒りのスピーチ」をした16歳の少女の主張は、本当に正しいのか？グレタ氏に影響を与える霊存在や、気候変動とCO_2の因果関係などが明らかに。

1,400円

※表示価格は本体価格(税別)です。

大川隆法霊言シリーズ・イエス・キリストの魂の真実

メタトロンの霊言

危機にある地球人類への警告

中国と北朝鮮の崩壊、中東で起きる最終戦争、裏宇宙からの侵略――。キリストの魂と強いつながりを持つ最上級天使メタトロンが語る、衝撃の近未来。

1,400円

トルストイ
――人生に贈る言葉

ロシアが生んだ世界的文豪トルストイが、21世紀の日本人に贈る真の平和論、人生論。人類史をくつがえす衝撃の過去世も明らかに。

1,400円

ジョン・レノンの霊言

天国から語る
「音楽」「愛と平和」「魂の秘密」

ロック、ラブ＆ピース、キリスト発言、暗殺の真相、現代の世界情勢について。ビートルズとジョンを愛したすべての人へ、衝撃の真実をここに。

1,400円

幸福の科学出版

大川隆法ベストセラーズ・正義の神・ヤイドロン

UFOリーディングI

日本に来ている宇宙人データ13

上空に続々と姿を現すUFO——。彼らは何のために地球に来ているのか。著者が目撃し、撮影された13種類のUFOの宇宙人たちを一挙解明。

1,400円

「UFOリーディング」写真集

謎の発光体の正体に迫る

2018年夏、著者の前に現れた60種類を超えるUFO。写真はもちろん、彼らの飛来の目的や姿等の詳細なリーディングが詰まった、衝撃の一書。

1,500円

中国 虚像の大国

商鞅・韓非・毛沢東・林彪の霊言

世界支配を目論む習近平氏が利用する「法家思想」と「毛沢東の権威」。その功罪と正体を明らかにし、闇に覆われた中国共産主義の悪を打ち砕く。

1,400円

※表示価格は本体価格(税別)です。

幸福の科学グループのご案内

宗教、教育、政治、出版などの活動を通じて、地球的ユートピアの実現を目指しています。

幸福の科学

一九八六年に立宗。信仰の対象は、地球系霊団の最高大霊、主エル・カンターレ。世界百カ国以上の国々に信者を持ち、全人類救済という尊い使命のもと、信者は、「愛」と「悟り」と「ユートピア建設」の教えの実践、伝道に励んでいます。

（二〇一九年十二月現在）

愛

幸福の科学の「愛」とは、与える愛です。これは、仏教の慈悲《じひ》や布施《ふせ》の精神と同じことです。信者は、仏法真理をお伝えすることを通して、多くの方に幸福な人生を送っていただくための活動に励んでいます。

悟り

「悟り」とは、自らが仏の子であることを知るということです。教学《きょうがく》や精神統一によって心を磨き、智慧《ちえ》を得て悩みを解決すると共に、天使・菩薩《ぼさつ》の境地を目指し、より多くの人を救える力を身につけていきます。

ユートピア建設

私たち人間は、地上に理想世界を建設するという尊い使命を持って生まれてきています。社会の悪を押しとどめ、善を推し進めるために、信者はさまざまな活動に積極的に参加しています。

国内外の世界で貧困や災害、心の病で苦しんでいる人々に対しては、現地メンバーや支援団体と連携して、物心両面にわたり、あらゆる手段で手を差し伸べています。

年間約２万人の自殺者を減らすため、全国各地で街頭キャンペーンを展開しています。

公式サイト **www.withyou-hs.net**

ヘレン・ケラーを理想として活動する、ハンディキャップを持つ方とボランティアの会です。視聴覚障害者、肢体不自由な方々に仏法真理を学んでいただくための、さまざまなサポートをしています。

公式サイト **www.helen-hs.net**

入会のご案内

幸福の科学では、大川隆法総裁が説く仏法真理《ぶっぽうしんり》をもとに、「どうすれば幸福になれるのか、また、他の人を幸福にできるのか」を学び、実践しています。

入会

仏法真理を学んでみたい方へ

大川隆法総裁の教えを信じ、学ぼうとする方なら、どなたでも入会できます。入会された方には、『入会版「正心法語《しょうしんほうご》」』が授与されます。

ネット入会 入会ご希望の方はネットからも入会できます。
happy-science.jp/joinus

三帰《さんき》誓願《せいがん》

信仰をさらに深めたい方へ

仏弟子としてさらに信仰を深めたい方は、仏《ぶっ》・法《ぼう》・僧《そう》の三宝《さんぼう》への帰依を誓う「三帰誓願式」を受けることができます。三帰誓願者には、『仏説・正心法語』『祈願文《きがんもん》①』『祈願文②』『エル・カンターレへの祈り』が授与されます。

幸福の科学 サービスセンター
TEL 03-5793-1727
（受付時間／火～金：10～20時 土・日祝：10～18時（月曜を除く））

幸福の科学 公式サイト
happy-science.jp

ハッピー・サイエンス・ユニバーシティ
Happy Science University

ハッピー・サイエンス・ユニバーシティとは

ハッピー・サイエンス・ユニバーシティ（HSU）は、大川隆法総裁が設立された「現代の松下村塾」であり、「日本発の本格私学」です。
建学の精神として「幸福の探究と新文明の創造」を掲げ、チャレンジ精神にあふれ、新時代を切り拓く人材の輩出を目指します。

人間幸福学部　経営成功学部　未来産業学部

HSU長生キャンパス TEL **0475-32-7770**
〒299-4325 千葉県長生郡長生村一松丙 4427-1

未来創造学部

HSU未来創造・東京キャンパス
TEL **03-3699-7707**
〒136-0076 東京都江東区南砂2-6-5

公式サイト **happy-science.university**

学校法人 幸福の科学学園

学校法人 幸福の科学学園は、幸福の科学の教育理念のもとにつくられた教育機関です。人間にとって最も大切な宗教教育の導入を通じて精神性を高めながら、ユートピア建設に貢献する人材輩出を目指しています。

幸福の科学学園

中学校・高等学校（那須本校）
2010年4月開校・栃木県那須郡（男女共学・全寮制）
TEL **0287-75-7777** 公式サイト **happy-science.ac.jp**

関西中学校・高等学校（関西校）
2013年4月開校・滋賀県大津市（男女共学・寮及び通学）
TEL **077-573-7774** 公式サイト **kansai.happy-science.ac.jp**

仏法真理塾「サクセスNo.1」

全国に本校・拠点・支部校を展開する、幸福の科学による信仰教育の機関です。小学生・中学生・高校生を対象に、信仰教育・徳育にウエイトを置きつつ、将来、社会人として活躍するための学力養成にも力を注いでいます。

TEL 03-5750-0751（東京本校）

エンゼルプランV TEL 03-5750-0757

幼少時からの心の教育を大切にして、信仰をベースにした幼児教育を行っています。

不登校児支援スクール「ネバー・マインド」 TEL 03-5750-1741

心の面からのアプローチを重視して、不登校の子供たちを支援しています。

ユー・アー・エンゼル！（あなたは天使！）運動

一般社団法人 ユー・アー・エンゼル TEL 03-6426-7797

障害児の不安や悩みに取り組み、ご両親を励まし、勇気づける、
障害児支援のボランティア運動を展開しています。

NPO活動支援

いじめから子供を守ろう ネットワーク

学校からのいじめ追放を目指し、さまざまな社会提言をしています。また、各地でのシンポジウムや学校への啓発ポスター掲示等に取り組む一般財団法人「いじめから子供を守ろうネットワーク」を支援しています。

公式サイト mamoro.org ブログ blog.mamoro.org

相談窓口 TEL.03-5544-8989

百歳まで生きる会

「百歳まで生きる会」は、生涯現役人生を掲げ、友達づくり、生きがいづくりをめざしている幸福の科学のシニア信者の集まりです。

シニア・プラン21

生涯反省で人生を再生・新生し、希望に満ちた生涯現役人生を生きる仏法真理道場です。定期的に開催される研修には、年齢を問わず、多くの方が参加しています。全世界213カ所（国内198カ所、海外15カ所）で開校中。

【東京校】TEL 03-6384-0778 FAX 03-6384-0779
メール senior-plan@kofuku-no-kagaku.or.jp

幸福実現党

内憂外患《ないゆうがいかん》の国難に立ち向かうべく、2009年5月に幸福実現党を立党しました。創立者である大川隆法党総裁の精神的指導のもと、宗教だけでは解決できない問題に取り組み、幸福を具体化するための力になっています。

党の機関紙
「幸福実現NEWS」

幸福実現党 釈量子サイト **shaku-ryoko.net**
Twitter **釈量子@shakuryokoで検索**

幸福実現党 党員募集中

あなたも幸福を実現する政治に参画しませんか。

- ○幸福実現党の理念と綱領、政策に賛同する18歳以上の方なら、どなたでも参加いただけます。
- ○党費:正党員(年額5千円[学生 年額2千円])、特別党員(年額10万円以上)、家族党員(年額2千円)
- ○党員資格は党費を入金された日から1年間です。
- ○正党員、特別党員の皆様には機関紙「幸福実現NEWS(党員版)」(不定期発行)が送付されます。

＊申込書は、下記、幸福実現党公式サイトでダウンロードできます。
住所:〒107-0052 東京都港区赤坂2-10-8 6階 幸福実現党本部
TEL **03-6441-0754** FAX **03-6441-0764**
公式サイト **hr-party.jp**

大川隆法　講演会のご案内

大川隆法総裁の講演会が全国各地で開催されています。講演のなかでは、毎回、「世界教師」としての立場から、幸福な人生を生きるための心の教えをはじめ、世界各地で起きている宗教対立、紛争、国際政治や経済といった時事問題に対する指針など、日本と世界がさらなる繁栄の未来を実現するための道筋が示されています。

2019年5月14日 幕張メッセ「自由・民主・信仰の世界」

2019年10月6日 ザ ウェスティン ハーバーキャッスル トロント(カナダ)「The Reason We Are Here」

2019年7月5日 福岡国際センター「人生に自信を持て」

2019年3月3日 グランド ハイアット 台北(台湾)「愛は憎しみを超えて」

2019年7月13日 ホテル イースト21東京「幸福への論点」

講演会には、どなたでもご参加いただけます。
最新の講演会の開催情報はこちらへ。⟹ 大川隆法総裁公式サイト https://ryuho-okawa.org